JN087569

学校と法

（四訂版）学校と法（'24）

装丁デザイン：牧野剛士
本文デザイン：畑中　猛

o-26

まえがき

教育という営みは，子どもの学習権を保障するためにある。そのためには，学校，家庭，地域社会が一体となって，子どもの幸せを願い，その最善の利益を確保するために推進しなければならない。学校，家庭，地域社会の連携，信頼関係に基づく学校運営こそがすべてである。

教育界において，しばしば語られる言説である。学習権，子どもの最善の利益，学校，家庭，地域社会の連携，信頼関係に基づく学校経営と，聞く者にとって心地よい「フレーズ」が並んでいる。中央教育審議会が，現在に続く教育改革の端緒となった「21世紀を展望した我が国の教育の在り方について」を公にした1990年代半ば以降，特にこの種のフレーズが多用されるようになっている。自治体が策定する教育ビジョンから各学校の経営目標に至るまで，それこそ枚挙にいとまがない。

だが，モンスターペアレント，ヘリコプターペアレントに代表される保護者の存在を見ていると，この学校，家庭，地域社会という三つの教育主体の関係は，あまりにも予定調和的に語られすぎてきたきらいがある。「話せばきっとわかりあえる」というような牧歌的学校経営が過去のものとなり，シビアな主張のぶつかり合いをどのように調整していくかが，大きな課題となりつつある。この状況を前に，今後の学校経営には，信頼関係の構築を目指しながらも，権利・義務という法的視点から教育主体間に存在するある種の利害関係を調整していくという視点が不可欠なのではないだろうか。これが本書の基本コンセプトである。

これまでの教育学，教育法学で語られてきた「法的議論」は，時代的背景もあり，国民の教育権説に象徴されるように，子どもを純真無垢の存在として措定し，その権利を侵害し，あるいは軽視しようとする国家権力に対して，教員，保護者，地域住民という「国民」が連帯し，いかにしてその介入，妨害を排除していくのかというスタンスのものが中心であった。地方公務員としての身分を有しているはずの公立学校の教員が，権力の担い手ではなく，なぜ「国民」の側に位置するとされているのか，という素朴な疑問はさておき，教員，保護者，地域住民は，「国民」として一くくりにされ，その対立的契機は，意識的か，無意識的かは別として，捨象される傾向にあった。

毎年，多くの教育紛争が司法の場へと持ち込まれ，学校教育の法化現象が進展しつつある今日，もはや予定調和的な理想論だけでは立ちゆかないことは明らかである。本書は，教員，保護者，地域住民の連帯という心地よい「場」に安住することなく，現実の利害対立に力点を置き，具体的な教育裁判を織り交ぜつつ，学校を舞台とする法的トピックスを論じるというスタンスを貫くことにしたい。日本社会の価値観が多様化する中，学校教育，特に教員の“絶対性”，“善性”がすべての人にアプリオリに肯定されるわけではないという点，言い換えるならば，価値多元的社会における学校の相対化の必要性を，本書を通じて理解していただければと思う。

なお，本書並びに放送教材の作成にあたっては，山田知代東京女学館大学非常勤講師に大変お世話になった。公立学校教員の懲戒処分（第12章，第13章，第14章）に関わって，最新の動向を提供してくれた山田講師に，配分的正義という観点から深く感謝したいと思う。

平成23年12月

主任講師　坂田　仰

四訂にあたって

三訂版『学校と法』を送り出してから，4年が経過した。この間，“ブラック校則”という言葉が社会的認知を得，わいせつ教員対策法（教育職員等による児童生徒性暴力等の防止等に関する法律）が制定される等，学校，教員に対する社会的視線はますます厳しさを増している。

校門を超えて，学校現場への“法の越境”が常態化し，学校を舞台に，児童・生徒，保護者，地域住民，そして教職員の権利主張が衝突するケースが増加している。これに伴い，学校経営，教育実践の中で，その“調整”が課題となっている。経験，慣習を基礎とする指導から，法に裏打ちされた指導，スクール・コンプライアンスを意識した指導への転換が求められる所以である。

だが，自己の価値観を前面に打ち出し，その貫徹を何よりも優先する“強い個人”が台頭する中，その“調整”は容易ではない。個人の権利と学校教育が有する公共性のバランスをどのように図っていくのか。法令，裁判例を基礎とした本書が，そのガイドラインとして機能できればと考えている。

令和6年1月

主任講師　坂田　仰

目次

※本書掲載法令の条文・条番号等は，特に断りのない限り，2023(令和5)年9月30日現在のものです。

1 学校教育紛争の現在

坂田　仰

《目標＆ポイント》 保護者，地域住民，そして教員の価値観の多様化は，学校に対する無条件の信頼を切り崩しつつある。この変化に呼応するように，学校教育に関わる紛争（学校教育紛争）は増大する傾向にある。かつて学校現場で有力であった「学校教育に法はなじまない」という言説は過去のものとなり，「話せばきっとわかり合える」といった牧歌的な学校運営，教育実践は，行き詰まりを見せている。本章では，本書全体のモチーフともいえるこの学校観の構造転換について概説し，学校，学校教育を法的視点から分析することの重要性について考えていく。

《キーワード》 信頼関係論，価値観の多様化，学校教育の法化現象，教育訴訟の構造転換，権利・義務的学校運営

21世紀に入って以降，都市部を中心に“迷惑施設”，“公害施設”としての学校という考え方が，一定の支持を得るようになっている。校庭で遊ぶ子どもの声，運動会や課外活動の練習の音からグラウンドに舞い上がる砂ぼこりまで，学校生活の中で普通に生じる現象が，いわゆる生活妨害（nuisance）として，近隣トラブル，学校教育紛争を巻き起こすことも少なくない[*1]。価値観の多様化[*2]が進行する中で，「学校は公共施

＊1　例えば，宮城県では，運動会当日，花火を鳴らすという伝統が存在するが，近年，それが騒音と批判の対象となり，中止する学校が少なくないという。河北新報，2019（令和元）年９月17日。

＊2　価値観の多様化について中央教育審議会は，既に1990年代半ば，「国民は次第に［ゆとり］や心の豊かさなど多様な価値や自己実現を求めるようになってきている」と指摘している（「21世紀を展望した我が国の教育の在り方について（第一次答申）」平成８年７月19日）。

設」という“共通理解”が崩壊の危機に瀕(ひん)しているといっても過言ではないだろう。

学校に対する認識が変化する中で，「愛と情熱」「信頼」「関係性」等に依拠する従来型の学校経営，教育実践が機能不全に陥りつつある。「先生の指導には従うもの」といった，かつて当然とされていた考え方が揺らぎ始め，これまでであれば，「学校が決めたことだから」「先生の言うことだから」と受け入れられていた指導が通用しなくなってきた。「指導の理由を説明してほしい」「法的根拠はどこにあるのか」「子どもの自己決定権はどうなる」といった異議申し立てが，相次ぐようになっている。この状況を前にし，教職員には，「学校という内部の価値観と現実社会という外側の価値観との間の整合性」を図る作業が強く求められているといえる[*3]。

1．法を巡る“建前”と“本音”

児童・生徒，保護者と教員の価値観，学校観のギャップ，言い換えるならば“関係性の変化”が最も顕在化しているのが，生徒指導を巡る状況である。1980年代に至るまで，校則や指導の在り方をどのようにするかは，学校の専管事項であると考えられていた。男子中学生の丸刈り校則から，高等学校におけるオートバイ，自動車の運転に関する「三ない運動」[*4]に至るまで，学校側には，ほぼフリーハンドに近い権限が与えられていたといってよい[*5]。児童・生徒，保護者は，仮に校則や指導の在り方に不満を抱いたとしても，「学校が決めたことだから」「先生の言

＊3　中央教育審議会「新しい時代に対応する教育の諸制度の改革について（答申）」平成3年4月19日。

＊4　高校生の生命を尊重するという目的の下，校則等により，在学中は「免許を取らせない」「オートバイ，自動車に乗せない」「オートバイ，自動車を買わせない」とする指導を指す。

うことだから」「子どものことを思っての指導だから」とこれを受け容れてきた。その背後に存在したのは，多くの保護者が共有していた学校，教員に対する無条件の信頼であったことは言うまでもない（信頼関係論）。

その典型ともいえるのが「体罰」を巡る状況である。体罰が発覚するたびに，「子どものためを思っての行為である」「指導に熱が入り過ぎた」「心で涙を流しながら，愛のムチを振るった」等，「信頼関係」を媒介とし，体罰を教育的手段として正当化しようとする言説が繰り返される。他方，児童・生徒，卒業生の側からも，「先生は間違っていない，悪いのは自分の方だ」「先生に殴られたから，今の私がある」等，学校側の正当化を支持し，教員を擁護する声が必ず聞こえてくる[*6]。そして，教員は，体罰によって児童・生徒を立ち直らせたという強烈な「成功体験」によって，再び体罰へと駆り立てられていく。この悪循環の向こうに垣間見えるのは，体罰が法令によって禁止されているというのはあくまでも「建前」に過ぎず，児童・生徒，保護者との間に「信頼関係」さえあれば，法という「建前」を越えられるという「本音」の存在であろう[*7]。

＊5　権利，自由に関して極めて敏感なアメリカにおいても，同様の状況であった。ベトナム戦争が激化する以前，いわゆる「古き良きアメリカ」というある種の統一的価値観が維持されていた1950～60年代前半に至るまで，アメリカの公立学校は，児童・生徒の指導に関して極めて広範な裁量を行使できたといわれている。

＊6　例えば，大阪市立桜宮高等学校の体罰自殺事件を受けて大阪市の外部監査チームが行った生徒に対するアンケート調査では，「たたかれたことはあるが，自分たちを成長させるためだと思っている」「先生は悪くない」等，体罰を行った教員を擁護する記述が多く見られたという。毎日新聞2013（平成25）年２月２日，東京朝刊，26頁。

＊7　「親代わり」等の情緒的関係を重視し，学校現場における体罰を容認しようとする傾向は裁判例の中にも古くから見受けられる。例えば，福岡地方裁判所久留米支部判決昭和５年11月26日は，「身体ニ傷害ヲ来サザル程度ニ軽ク叩クガ如キハ夫ノ父兄ガ其ノ保護ノ下ニアル子弟ニ対シ懲戒ノ方法トシテ屡々施用シ居レル事例ニシテ此ノ事例ニ照ラセバ児童ノ保護訓育ニ任ズル小学校教員ガ児童ニ対シ懲戒ノ手段トシテ斯ル程度ノ力ヲ加フルコトヲ得ズト為スハ社会通念上妥当ナル見解」であるとしている。

2. 信頼関係論の限界

日本の学校経営，教育実践は，戦後一貫して，「教員」が中心となって担うという構造が維持されてきたと言ってよい。だが，この教員中心主義の構造は，学校経営におけるアキレス腱的存在になりつつある。大部分の教員は，ある種の擬似的家族としてアクター間の関係性を措定し，学校を極めて親密な空間としてデザインしようとする[*8]。そして，「愛」「情熱」「信頼」といった情緒的な要素を重視し，何事においても「話し合い」による関係性の構築・修復を土台として，日々の教育活動を展開していく[*9]。

しかし，近年，学校現場では，関係性を重視する経験主義的な手法が通じない場面が増加している。例えば，モンスターペアレント，ヘリコプターペアレントといった新たな造語を生み出し，マスメディア等で盛んに取り上げられている“対応が困難な保護者”はその典型である。早朝，深夜を問わず，教員の自宅や携帯に電話をかけ，理不尽と思える要求を次々と突きつける。時間をかけて，どれだけ説明しても，自らの「主張」が全て受け容れられるまで決して納得しようとしない。この種の保護者に対して，「話し合えばきっとわかり合える」「信頼関係があれば全てを克服できる」といった情緒的手法は通用しない[*10]。100％要求を受け容れるか，終わりなき対応を永遠に続けるのか，学校，教職員は，

＊8　体罰における愛のムチ論，親代わり論は，擬似家族的学校観の表出と捉えることができる。

＊9　例えば，教育職員養成審議会が1987（昭和62）年に公にした「教員の資質能力の向上方策等について」以降，教員に求められる資質として，「人間の成長・発達についての深い理解，幼児・児童・生徒に対する教育的愛情」といった情緒的フレーズが繰り返し登場している。

＊10　中には，児童に対する指導に関し，校長から児童の自宅に謝罪に行くよう指示された教員が，家庭訪問中に暴行を受けたとして，学校設置者を訴えた事案まで存在している（東京地方裁判所判決平成24年４月18日）。

二者択一的状況に置かれていると見えなくもない。教員を中心とする「信頼関係論」の限界である。

3. 学校教育の法化現象

そして，学校教育紛争は訴訟へと発展していく。「信頼関係」に基づく指導という考え方が後方に退き，“権利”と“義務”という視点から見ようとする考え方の台頭である。学校側との「話し合い」に際して，訴訟への発展を考慮し，「録音」を要求する，あるいは「弁護士」の立ち会いを求める「訴訟準備型」から，「話し合い」ではなく，最初から「訴訟」という形態をとる「いきなり型」まで，自らの要求（権利主張）が受け容れられない場合，「訴訟も辞さず」という強硬な姿勢を見せる保護者や地域住民と対峙（たいじ）した経験を有する教育関係者は，それこそ枚挙にいとまがない。学校，教員との関係を，“愛”や“情熱”，“信頼”といった情緒的なものではなく，“権利・義務的関係”として捉えようとする考え方，いわゆる学校教育の「法化現象」である[*11]。

法化現象の最前線とも言えるのが，担任教員と保護者の間で繰り広げられる訴訟合戦である。保護者が子どもの担任教員を訴える，ましてや担任教員が現在受け持っている子どもの保護者を訴えるなどということは，学級経営の基盤である「信頼関係」を当事者自らが破壊することを意味する。「保護者と担任教員の対話が教育実践を支える」という教育論からかけ離れた現象であり，従来の信頼関係論からすると想定外の状況といえる。しかし，法化現象が進行する中，それが現実のものとなりつつある。

埼玉担任教員訴訟はその典型といえる。児童や保護者による音声記録がマスメディアや訴訟において明らかにされ，物議を醸した事案である

＊11　ただし，法化現象の進展は学校教育に限定したことではない。福祉や医療の領域においても，近年，権利・義務という視点が重視され始めていることは周知の事実である。

（さいたま地方裁判所熊谷支部判決平成25年２月28日）。舞台となったのは，埼玉県下の公立小学校であった。３年生の女児への指導を巡って，保護者が連絡帳を通じて苦情を申し入れたことが発端である。連絡帳での申し立ては数十回に及び，担任教員の対応に納得がいかない保護者は，市教育委員会へ苦情を申し立て，さらには暴行を受けたとして警察署にも被害に関し相談を行っている。担任教員は，連絡帳への記載や市教育委員会への苦情申し立て，また一方的な警察への相談は名誉毀損に当たり，不法行為を構成する等として，精神的苦痛に対する損害賠償を求める訴訟を提起した。

これに対し判決は，保護者の言動に全く問題がないわけではないとする。しかし，名誉毀損については，連絡帳の記載や窓口における苦情の申し立てを直接知り得る立場にあるのは全て守秘義務を課せられた地方公務員であり，その内容が伝播する可能性が低いという点，いわゆる公然性の欠如を主たる論拠とし，これを退けた。

また警察への相談に関しては，担任教員との信頼関係が崩壊し，不信が募った状況下においては，やむを得ない部分があるとしている。そして，保護者の言動は，「配慮に欠ける点や不注意な点が，多々存在し」，担任教員が問題にすることは理解できるものの，「不法行為の成立に関しては，いずれもその要件を満たさない」と結論付けた。

一方，保護者は，担任教員の指導（指導，叱責行為等），保護者に対する訴訟提起等が違法であるとし，担任教員，校長，学校設置者である市，担任教員の給与負担者である県等を相手に国家賠償ないし不法行為に基づく損害賠償を求める訴訟を提起している（さいたま地方裁判所熊谷支部判決平成29年10月23日）。

判決は保護者の訴えを退けた。判決は，担任教員の指導は「いずれも体罰には該当しないし，教育的指導ないし懲戒権の行使として相当と認められる範囲内であるから，違法とは認められない」とする[*12]。また，訴訟提起に関しては，連絡帳の記載には，厳しい言葉で担任教員を非難するものが含まれており，担任教員が保護者の言動により被った精神的苦痛について不法行為に基づく損害賠償を請求しようと考えたことは，それなりの事実的根拠を有するとしている[*13]。

結果的に，２つの訴訟ともに原告が敗訴することになった。だが，このケースにおいて注目するべきはその結論ではない。日常的な教育実践や保護者と教員の会話が録音され，マスメディアに流失したり，訴訟において証拠として提出される。そこには，学校，担任教員に対する信頼は存在しない。むしろ，訴訟の提起に向けて，着々と準備が進められていると見るべきであろう。学校現場は，もはや信頼関係に基づく「親密空間」とは言い切れない。多様な権利が衝突する場として学校を措定し，法的救済を求める可能性を認識し，法化現象の進行に備える必要があると言えるだろう。

4. 近隣トラブル

同様の傾向は学校と近隣住民の関係においても見受けられる。騒音や振動，異臭，煤煙等，生活空間で日常的に生じる現象が，生活妨害（nuisance）として社会問題化する傾向である[*14]。

＊12　なお，判決は，担任教員による訴訟の提起については，「客観的にみて，かかる訴訟の提起が小学校教諭としての職務執行の外形を備えた行為とはいえず，職務行為と密接に関連する行為ともいえない」とし，国家賠償法上の損害賠償請求は認められないとしている。

＊13　また，担任教員は，「弁護士から，これはひどいから裁判にしましょう」などとアドバイスされ，訴訟提起に至ったとされている。

＊14　生活妨害には，その放置が犯罪を構成するレベルから，民事上の損害賠償の対象に止まるレベル，そして受忍限度内と判断されるレベルのものまで，複数のレベルが存在している。

この近隣トラブルが，都市部を中心に学校にまで波及している。落ち葉や害虫に苦情が殺到し，シンボルであった学校の桜や銀杏の木が伐採される。舞い上がるほこりに対する苦情を受けて，土のグラウンドが人工芝等で覆われていく。子どもの歓声や，エアコンやボイラー等の設備から生じる様々な音，果ては運動会や音楽会といった教育活動までもが，「騒音」と批判されるようになってきた。

京都府下の私立学校では，学校が設置したエアコンの室外機から発せられる騒音が受忍限度を超えているとして，室外機の撤去と過去及び将来の騒音被害に対する慰謝料の支払いを求める訴訟に直面している（京都地方裁判所判決平成20年９月18日）[*15]。

不快感，圧迫感，落ち着かない，立腹しやすい，集中力や思考能力の低下，神経過敏，焦燥感等の症状が出ているとの苦情を受けた学校設置者は，隣地に達する室外機の音を低減するため，防音壁を設置する等の工事を４回にわたって実施した。しかし，近隣住民は，その結果に納得せず，最終的に訴訟へと発展していく。訴訟では，学校教育が有する公益性，言い換えるならば，近隣住民が主張する加害行為の性質が，受忍限度を判断する上で，どの程度考慮されるべきかが問われることになった。

判決は，「人が社会の中で生活を営む以上，他の者が発する騒音に晒(さら)されることは避けられないのであるから，その騒音の侵入が違法というためには，被害の性質，程度，加害行為の公益性の有無，態様，回避可能性等を総合的に判断し，社会生活上，一般に受忍すべき限度を超えているといえることが必要である」とし，一般論としては「公益性」を考慮要素に含めるべきことを認めている。しかし，学校が騒音規制法の「特定工場等」に該当することから，同法に基づく規制基準を超える騒音を隣地に到達させたる行為は原則として不法行為を構成するとし，室

*15　この近隣住民は，学校が存在することを理解した上で，後から住居地を定めたとされている。

外機撤去の要求は退けたものの，10万円の慰謝料を支払うことを命じたのである。

また，福岡県下の公立小学校では，校庭で練習する少年野球チームが発するかけ声や金属バットの音，拡声器の使用等が，受忍限度を超え，生活の平穏が乱されているとし，管理者である教育委員会に対策を申し入れたにもかかわらず，有効な対策が講じられず，かえって苦情の申し立てを拒絶されたなどとして，学校設置者を相手に損害賠償の支払いを求める訴訟が提起されている（福岡地方裁判所小倉支部判決平成30年2月20日）。

判決は，少年野球においては，練習に当たり，「集中力を高めたり気合を入れるなどの目的や選手同士の衝突を防ぐなどのために掛け声を掛け合うのが一般的と認められるし，こうした状況において指導者が適時に指示をするには拡声器の使用もやむを得ない」とする。一方，住民は，小学校に隣接するとの立地を認識し転居して来たことなどからすると，小学校の施設使用に伴って一定の騒音が生じることなどについては，十分に認識しかつ一定程度は認容していたものと認められるとし，また窓を閉めるなどすれば一定の騒音減が図られる等として，最終的に訴えを退けた。

ここで注意を払う必要があるのは両裁判の結果ではない。かつて日本社会に存在した「学校は地域にとって不可欠な存在であり，誰にとっても良き存在である」という価値観が揺らぎ始めているという事実である。教員の多くは，自らの活動，学校が「善」であるという「信念」を今も共有している。だが，それは「思い込み」に過ぎず，学校の諸活動を正当化する手段として絶対的なものではなくなっている。「子どものために」学校，家庭，地域社会が連携すべきという学校教育の基本理念が，価値観の多様化に伴い，地域住民の絶対的支持を得られなくなっていることを見落としてはならないだろう。

5. スクール・コンプライアンス

学校に対する信頼の揺らぎ，質的変化という状況を受けて，学校現場には多様な要望が集まるようになってきた。だが，学校現場は，その要望が相互に矛盾する可能性を自覚する必要があるだろう。

例えば，授業のレベル設定に関する衝突である。１クラスに40人の子どもが在籍している場合，学力には40のレベルが存在すると言ってよい。その中で保護者は，「我が子」のレベルに合わせて授業を進めてほしいと要望するのが普通である。学力が比較的上位にいれば発展的な学習等，高いレベルの授業が要求される。逆に，学力が平均レベルより下位に位置する場合，補習の実施，基礎・基本の徹底等を求められることになる。「子どものために＝我が子のために」と要望を寄せる多くの保護者を前に，授業を担当する教員は原則１人である。いくら「子どものために」頑張りたいと考えたとしても，全ての要望に応えることができないのが現実である。

「子どものために」という言葉は，それを使用する者によって意味内容の異なるマジックワードとして機能する。それゆえに，「子どものために」学校，家庭，地域社会が連携すべきという“公理”は，常に対立可能性を内包せざるを得ない。スローガンとしてはともかく，現実の学校運営においては，学校，家庭，地域社会の連携は容易に実現できそうにはない。

異なる価値観を有し，多様な要求を持ち込む保護者を前に，信頼関係を基底とする従来型の学校運営，教育実践は限界を迎えている。学校，家庭，地域社会の関係を予定調和的に捉えるのではなく，対立可能性を前提とした新たな学校経営，教育実践が求められている。

その際，中心となるのはスクール・コンプライアンスの考え方である。「学校教育は法令の存在なしに成立しない」「教師の教育実践は，全て法の網の中で行われている」。これらの言説をまつまでもなく，学校は，国公私立の区別を問わず，「公の性質」を有している（教育基本法6条1項）。この観点からは，全ての教員にとって，法令遵守が「服務の基本」といえる[*16]。「少なくとも教員については，児童生徒と直接触れ合い，これを教育・指導する立場にあるから，とりわけ高いモラルと法及び社会規範遵守の姿勢が強く求められる」だろう（福岡高等裁判所判決平成18年11月9日）。

企業経営等の分野において，コンプライアンス（法令遵守）という言葉が確固たる地位を確立してから既に久しい[*17]。この間，セクシュアルハラスメント，パワーハラスメント，不祥事防止，果ては不正告発，公益通報制度に至るまで，コンプライアンスに関わる領域は，当初の想定を超え，広がりを見せている。だが，学校現場はどうであろうか。不祥事が発覚する度に研修が繰り返されるものの，いまだに「法規＝建前」という図式を信じる教員は少なくない。

だが，保護者の方はそうではない。学校，教員の一挙手一投足をコンプライアンスという視点で吟味し，異議申し立てを行うケースが増加している。いじめ防止対策推進法コンプライアンス違反追及訴訟（東京地方裁判所判決令和4年5月16日）はその典型といえる。東京都下の公立

＊16　公立学校教員を例にとると，地方公務員法は，「職員は，その職務を遂行するに当つて，法令，条例，地方公共団体の規則及び地方公共団体の機関の定める規程に従い，且つ，上司の職務上の命令に忠実に従わなければならない」と規定している（32条）。

＊17　コンプライアンスは，法令遵守という意味と同義に用いられることが多い（狭義のコンプライアンス）。しかし，経営学分野においては，「企業の社会的責任（CSR＝Corporate Social Responsibility）」を含めて，コンプライアンスと呼ぶことがある（広義のコンプライアンス）。学校経営に引き寄せるならば，「学校の社会的責任（SSR＝School Social Responsibility）」が広義のコンプライアンスということになる。

小学校に在籍していた児童が，同級生からいじめを受けていたにもかかわらず，教職員がいじめ防止対策推進法やいじめ防止基本方針に違反し，適切な対応を怠ったと主張し，学校設置者を相手に損害賠償の支払いを求めた訴訟である。

訴訟において，児童側は，事実関係の聴き取り調査を担任教員一人に行わせたことが，情報共有を欠き，事後の対応を誤らせたと問題視している。いじめ防止対策推進法22条が規定する学校いじめ防止対策校内組織が聴き取りの主体となるべきであり，組織的対応を欠いていたという主張，いじめ防止対策推進法に対するコンプライアンス違反の主張と理解することができる。

これに対し判決は，担任が一人で聴き取りを実施したからといって，必ずしもいじめ防止対策推進法の趣旨に反するものではないとし，児童側の主張を退けている。いじめ防止対策推進法が「学校に組織的な対応を求めている趣旨は，担当教諭など限られた教職員によるいじめの情報の抱え込みを防止する点にある」。「いじめの事実の有無の確認を行うための調査自体を複数で行うことまで求めているものではない」とする論理である。

判決の論理は，学校現場の実情に即したものと評価できる。ただ，ここで注意しなければならないのは，児童側が訴訟において請求した損害賠償金額である。児童側が求めたのは，慰謝料３円と遅延損害金の支払いであった。この３円という請求金額から推測可能なように，児童側の目的は損害の塡補ではなく，学校側が児童側の理解するいじめ防止対策推進法に則した対応をとらなかったことへの責任追及であったと評価することも可能である。まさにコンプライアンス違反追及型の訴訟提起であり，「法規＝建前」という考え方が根強く残る学校現場への警鐘として受け止める必要があるといえるだろう。

参考文献

菱村幸彦『Q＆Aスクール・コンプライアンス111選』（ぎょうせい，2017）
菱村幸彦『管理職のためのスクール・コンプライアンス―ここが問われる学校の法的責任』（ぎょうせい，2010）
山口卓男編著『新しい学校法務の実践と理論―教育現場と弁護士の効果的な連携のために』（日本加除出版，2014）

演習問題

以下の文章について，妥当なものには○，妥当でないものには×を付し，×を付けたものについては簡単にその理由を記載せよ（条文や裁判例を挙げるのでもよい）。

1．教員は，児童・生徒と直接触れ合い，これを教育・指導する立場にあるから，とりわけ高いモラルと法及び社会規範遵守の姿勢が強く求められるとした裁判例が存在している。

理由：＿＿＿＿＿＿＿＿＿＿＿＿＿＿＿＿＿＿＿＿

＿＿＿＿＿＿＿＿＿＿＿＿＿＿＿＿＿＿＿＿

2．日常生活の中で生じる騒音，異臭，振動，煤煙等による生活妨害は，マンション等，一般住宅に特有の問題であり，公共性を有する学校はおよそその対象とは考えられない。

理由：＿＿＿＿＿＿＿＿＿＿＿＿＿＿＿＿＿＿＿＿

＿＿＿＿＿＿＿＿＿＿＿＿＿＿＿＿＿＿＿＿

3.「子どものために」という言葉は，それを使用する者によって意味内容が異なる可能性を否定することができない。

理由：＿＿＿＿＿＿＿＿＿＿＿＿＿＿＿＿＿＿＿＿＿＿＿＿＿＿＿＿

＿＿＿＿＿＿＿＿＿＿＿＿＿＿＿＿＿＿＿＿＿＿＿＿＿＿＿＿

4．保護者との信頼関係を重視する日本の学校においては，担任教員が担当している児童・生徒の保護者を訴えるといったケースは皆無である。

理由：＿＿＿＿＿＿＿＿＿＿＿＿＿＿＿＿＿＿＿＿＿＿＿＿＿＿＿＿

＿＿＿＿＿＿＿＿＿＿＿＿＿＿＿＿＿＿＿＿＿＿＿＿＿＿＿＿

5．損害賠償を請求する訴訟という形式を用いながら，実態としては学校側のコンプライアンス違反を追及しようとしていると評価可能な例が存在している。

理由：＿＿＿＿＿＿＿＿＿＿＿＿＿＿＿＿＿＿＿＿＿＿＿＿＿＿＿＿

＿＿＿＿＿＿＿＿＿＿＿＿＿＿＿＿＿＿＿＿＿＿＿＿＿＿＿＿

2 教育を受ける権利と学校の公共性

坂田　仰

《目標&ポイント》 教育学の分野においては，教育を人間的な営みとして措定し，学校教育の機能を専ら個人の「教育を受ける権利」の充足という側面から捉えようとする考え方が有力であった。だが，価値観の多様化が急激に進行している現在，学校教育，特に義務教育の目的を個人に対する権利保障のみならず，国民統合その他の公共的側面からも把握し，社会との関係で考えていく姿勢が求められている。そこで本章では，「教育を受ける権利」を概観した上で，現代社会において学校教育が有する意義を国民統合という観点，言い換えるならば「学校，教育の公共性」という視点を交えて検討する。
《キーワード》 親の教育権，国民統合，教育の私事化，教育の公共性，国旗・国歌

公の性質を有する学校は，公立，私立の区別を問わず，学習者のためだけに存在するのではなく，国家・社会のためにも活動している[*1]。子どもは，教育という営みを通じて，その後の生活で必要な知識や技術を習得し，同時に自己が所属する社会のルール（規範）を学んでいく。問題は，その役割を誰が担い，その内容を誰が決定していくのかという点である。この点に関しては，国家（学校），家庭，地域社会という教育主体の間で，適切な役割分担を行い，相互の連携を強化することの重要性を指摘するのが一般的である。しかしながら，教育主体間の関係は，常に予定調和というわけではなく，緊張関係が存在していることを見落としてはならない。

＊1　市川昭午『臨教審以後の教育政策』教育開発研究所（1995年）205頁参照。

1. 教育を受ける権利と義務教育

西洋近代の社会においては，家父長制度の下，産業革命期に至るまで，子どもは親（父親）の「所有物」として扱われる状況が続いていた。親は，子どもにどのような教育を与えるか，あるいは与えないかを決定する絶対的な権利を有しているとされ，この権利はいわゆる「自然権」に由来すると説明された。

だが，19世紀半ばから20世紀初頭にかけて，産業社会化の波が襲う中で児童福祉の思想が台頭してくる。そして，適切に子どもの養育を行うことができない親に代わって，国家が子どもの保護にあたるという考え方が有力になっていく。「国親（パレンスパトリエ)」思想の台頭である。義務教育制度の普及はその延長線上に位置付けることができる。

この点，日本国憲法26条１項は，「すべて国民は，法律の定めるところにより，その能力に応じて，ひとしく教育を受ける権利を有する」と定め，教育を受ける権利を保障している。大日本帝国憲法には教育に関わる条項は存在せず，日本国憲法で新たに憲法の人権カタログに掲載された権利である。

大日本帝国憲法下では，教育制度の創設・運用を法律ではなく天皇の勅令で行うとする，教育の勅令主義が少なからぬ影響力を持っていた。その中心に位置したのが教育勅語であったことは周知の事実である。日本国憲法は，教育の勅令主義を排除し，教育に関わる事項は，国民の代表機関である国会が制定する法律によって定めるとする，教育の法律主義を採用することを明らかにしている（26条１項)*2。

他方，日本国憲法は，「保護する子女に普通教育を受けさせる」義務を規定している（26条２項)。この教育を受けさせる義務の解釈としては，「子どもの教育を受ける権利を現実に保障する手段として，その父

---

*2　教育の法律主義の基礎を構成する法律として教育基本法が制定されている。

母および国家・社会が教育機会の配慮の義務」を負っていると捉える傾向にある[*3]。学校教育，特に義務教育の存在意義を専ら国家の視点から捉えてきた第二次世界大戦前の学校観，権力的契機を可能な限り捨象し，その私事性，非権力性を強調することによって教育の権利的性格を貫徹しようとする立場である。

しかしながら，ある社会が存続，発展していくためには啓蒙された構成員の存在が不可欠である。また，ブルデュー[*4]の指摘をまつまでもなく，教育には文化や階級を再生産するための「権力的」側面が存在している。その意味において教育は，どの社会においても公共財としての性格を有していると言える。この教育の公共性を重視する立場からは，「子どもの教育に関する限り，私人の自由な活動は完全な信頼には値せず，国民の意思を背景とする公権力が一定の役割を果たすことが期待さ」れる[*5]。それぞれの社会が掲げる「価値」に立脚した教育の実現である。

この社会が掲げる「価値」という視点を突き詰めていくと，義務教育の内容は，客観的な真理ではなく，その国，その時代の権力を有する者が正統とする「事実」が重視されることになる。オーウェルによるまでもなく，「いつでもその時期の正統思想，つまり正しい考えかたをする人間なら当然すんなり受け入れるはずだということになっている思想が存在する」[*6]。この場合，学校教育，特に義務教育は，その正統思想を子どもたちに強制的に教え込んでいく「ガバメント・スピーチ（政府言論）」の一種に過ぎない[*7]。そして，西洋近代の系譜に連なる憲法を有

---

*3　例えば，堀尾輝久「五　義務教育（第四条）」宗像誠也編『［新装版］　教育基本法』新評論（1988年）等。

*4　ピエール・ブルデュー，J-C・パスロン（宮島喬訳）『再生産―教育・社会・文化』藤原書店（1991年）を参照。

*5　長谷部恭男『憲法　第８版』新世社（2022年）293頁。

*6　ジョージ・オーウェル（小野寺健編訳）「出版の自由―『動物農場』序文」『オーウェル評論集』岩波書店（1982年）348頁。

する日本の場合，教育は，「近代立憲主義を担う将来の市民を育てる」という理念の下，民主主義というイデオロギーを教え込む装置として，国民統合の手段として機能することになる[*8]。

このように，公共性を重視し，国民統合の手段として学校教育を捉えようとするとき，「隠されたカリキュラム（hidden curriculum）」という概念が重要となってくる。隠されたカリキュラムは，国語や数学といった明示的なカリキュラムではなく，教室で使用される言語や習慣といった諸要素が相対的に有するカリキュラムとしての効果を指す[*9]。子どもは，言語や習慣といった文化を学校生活において体験することを通じて，その社会が前提としている価値を自分自身のアイデンティティーへと転化していくことになる。

2. 学校の「公共性」

だが，公共性の概念は，使われる場面によって，また論者によって，捉え方が極めて多様であり，一義的に定義することは困難である。その中にあって齋藤純一は，公共性が語られる文脈ごとに，①国家に関係する公的なもの（official），②全ての人々に関係する共通のもの（common），③誰に対しても開かれているもの（open），という3つの意味合いが存在すると指摘している[*10]。①の official＝国家的公共性は，公共事業や

*7　この点に関連し，蟻川恒正は，「教育とは，『囚われの聴衆』に宛てた government speech に対し，政府が冠した美称である」と指摘している。蟻川恒正「思想の自由」樋口陽一編『講座憲法学第3巻 権利の保障』日本評論社（1994年）123頁。

*8　現実の学校教育は，言うまでもなく，私事性と公共性，双方の性格を併せ持っている。戦後日本の教育界は，教育基本法改正論議における「公共」や「国を愛する心」を巡る対立，道徳教育への賛否等，そのバランスの在り方について，激しい対立を続けてきたといっても過言ではない。

*9　隠されたカリキュラムについては，取りあえず，マイケル・アップル（浅沼茂他訳）『教育と権力』日本エディタースクール出版部（1992年）を参照。

*10　齋藤純一『公共性』岩波書店（2000年）viii-ix頁。

公教育がその典型とされ，権力，強制等の言葉と親和性を有している。他方，②の common＝共通項としての公共性には，公益，公共の福祉等が存在するとして，集団的，集合的性格が強いとされている。最後に，③の open ＝公開としての公共性には，公園や情報公開等の概念を引用し，誰もがアクセス可能であるという意味において，セーフティネット的機能を有していると指摘している。

国民統合は，共通の言語等，②の全ての人々に関係する共通のもの（common）と親和性を有している。また，齋藤の分類に従えば，法律主義を前提とする「学校」という存在は，その設置主体を問うことなく，全て国家的公共に位置付けられることになろう。だが，現実問題として公立学校と私立学校では，国家関与の度合いは異なっている。公立学校，特に義務教育諸学校は，国家的公共，共通項としての公共，そして公開としての公共，３つの「公共」と密接に関連している。

公立の小学校，中学校は，学校教育法上，学齢児童・学齢生徒を就学させるために必要な施設として，市町村に設置義務が課されている（38条，49条）。そのため，齋藤のいう国家的公共の条件を満たすことはいうまでもない。また，公立学校は，“義務教育最後の砦（とりで）”という性格上，経済状況を考慮することなく，全ての学齢児童・学齢生徒を受け入れの対象としている。その意味において，教育面でのセーフティネットとしての役割を果たしており，公開としての公共についても要件を充足しているといえる。また，教育の内容面については，学習指導要領の拘束下，全国的に同一の基準に基づいた教育が展開されており，共通項としての公共性が貫徹されていると見ることができる*11。

したがって，公立の小学校，中学校は，国家の関与（official）の下に，全ての国民（open）に対して，共通（common）の知識・技能を教授するシステムと定義することが可能であり，教育面において，全ての「公

*11　学習指導要領に関しては，その法的拘束性が認められている。例えば，福岡伝習館訴訟（最高裁判所第三小法廷判決平成２年１月18日）等。

共」を体現し，国民統合の機能を最も効率的に果たす存在といえる。

一方，私立学校は，その設置主体がいわゆる学校法人に限定されている（学校教育法２条１項，２項）*12。学校法人の設立については，いわゆる特許主義が採用されており，設立の可否に関して公的関与のシステムが相当程度確保されている。また，公立，私立の区別を問うことなく，適用される学校設置基準や補助金の支出等を通じて，設立後も一定程度の公的関与が可能となっている。その意味において，私立学校においても国家的公共が一定程度確保されているといえるが，その度合いは，「私学の独自性」という本質に照らし，公立学校と比較すると弱いものにならざるを得ない*13。また，学習内容に関しても，学習指導要領がナショナル・カリキュラムとしての性格を有していることから，私立学校についてもその法的拘束力が維持されることになる。したがって，共通項としての公共性は，私立学校においても，理論上，貫徹されていると考えてよいであろう*14。

私立学校が最も公立学校と異なっているのは，言うまでもなく，公開としての公共性に関わる部分である。私立の小学校，中学校に入学するためには，受験料，入学金，授業料等を納める必要があり，経済的な問題をクリアしなければならない。そのため，入学者は，経済的に余裕のある家庭の子どもに限定される傾向が強い。私立学校は，公立学校と同等な意味において，「誰にでも開かれた」ものとは言い難い*15。それゆえに，私立の小学校，中学校は，公立学校と比較して，国家の弱い関与

---

*12　ただし，構造改革特別区域法に基づき，いわゆる教育特区において，株式会社立学校，NPO法人立学校が認められている。同法は専ら経済的視点に立つものであり，教育の公共性という観点からの批判が一部に存在する。

*13　関与の度合いは，法制度上のみならず，事実上も弱いものとなる。これは，私学行政の担当部局が教育委員会ではなく，知事部局であることを考えれば明らかである。

*14　もっとも，事実上それがどこまで確保されているかという点については疑問も存在する。私立学校については，例えば，国旗，国歌に関する指導等，公立学校と比較して，学習指導要領からの逸脱が多いという批判も少なくない。

（official）の下，経済的に余裕のある国民に対し，共通（common）の知識・技能を教授する国民統合にも寄与する施設として位置付けることが可能であろう。

3. 言語を巡る公と私

次に，教育の公共性を前提として，隠されたカリキュラムという視点から学校教育が担う国民統合機能を考えてみたい。その際，最も重要な位置付けを有しているのは「言語」の有する権力的性格であろう。

単なる国語教育や外国語教育という枠を超えて，学校教育の場においてある言語を使用することそれ自体が，国民統合の作用を果たしている。アルフォンス・ドーデ（Alphonse Daudet）は，名作『最後の授業』において，老教師アメルをして，「ある民族が奴隷となっても，母国語を守っている限り，閉じ込められた牢獄の鍵を握っているようなものだ」と語らせている。この象徴的なフレーズは，言語教育の持つ権力的性格，②の common＝共通項としての公共性を暗示したものといえる[*16]。

この学校における言語の位置付けがより先鋭的な形で顕在化しているのが，アメリカ合衆国である。アメリカは英語を母国語とする国だと考えられている。だが，これは単なるイメージに過ぎない。アメリカ合衆国憲法等，少なくとも連邦法のレベルでは，英語を公用語とする規定は存在していない[*17]。移民国家であるアメリカ合衆国は，公用語が存在し

＊15　しかしながら，私学助成金その他，一定程度公費の投入が行われており，その運営にかかる費用の全てを在籍する児童・生徒の家庭の経済力に依拠しているというわけではない。

＊16　もっとも，『最後の授業』の舞台となったアルザス地方は，フランス語圏ではなく，「アルザス語」というドイツ語系言語を使用する地域であった。フランス革命の後，共和制政府は，多くの地方言語を捨象しフランス語へと言語を一元化する政策を推し進めていく。アルザス語もまたその波に翻弄された言語の一つである。その意味において，『最後の授業』の背後にはアイロニーが存在している。

ない国家なのである。

学校に焦点化すると，アメリカ社会における言語を巡る法的対立は，1900年代初頭にまで遡ることができる。1800年代半ば以降，アメリカの人口構成が大きく変化していく。植民地時代からその中心を占めていたイングランド，アイルランド等の英語圏からの移民に加えて，ドイツやイタリア，東欧，アジア諸国からの移民が急増していったのである。新たな移民層は，これまでの移民以上に母国の言語，文化，生活様式を維持することに努めた。その結果，オールド・カマーとニュー・カマーの間で，アメリカ社会への同化を巡って紛争が生じ，アメリカ市民としてのアイデンティティーが問われる事態になったのである。

移民の質的変化に起因する文化摩擦に拍車をかけたのが，第一次世界大戦を巡る社会対立であった。アメリカと敵対することになったドイツ系移民に対して，戦中，戦後の一時期，脅威論，異質論が高まりを見せた。社会的集団としての凝集性が強く，ドイツ語やドイツ文化を基礎とするドイツ式の生活様式を維持し，子どもに対して熱心にドイツ語教育を行うドイツ系の移民の姿が，アメリカ市民としてのアイデンティティーに疑問を生じさせたのである。

その渦中，ネブラスカ州は，言語教育の統制を目的とした法律を制定する。「ネブラスカ州における外国語教育に関する法律」（Nebraska Laws 1919, c.249.）である。1919年に制定されたこの法律は，英語以外の言語を用いて教育を行うことを禁止するとともに，8学年を修了するまではラテン語等の古典的言語を除き，英語以外の言語教育を禁止するといった内容であった。

同法の有効性を巡って，ネブラスカ州最高裁判所は，移民の子どもに

---

*17　アメリカでは，今も300以上の言語が日常語として使用されていると言われている。特にスペイン語は，特定の地域では英語を圧倒する地位を占めるまでになっている。例えば，テキサス州のEl Cenizo市は，市の業務の全てをスペイン語で行うことを宣言し，物議を醸したことがある。

対して親の母語による教育を行うことを放置しておくと，その言語が子どもの母語となり，英語ではなくその言語を用いて思考し行動するようになるという理由で，この法律の立法目的を支持した。そして，英語を母国語とし，英語で考え行動することが身につく年齢に達するまでは，他の言語を教えること，他の言語によって教育を行うことを禁止することは一定の合理性を有していると判示している。

その後，舞台は，合衆国最高裁判所へ移されることになった。Meyer v. Nebraska, 262 U.S. 390（1923）事件である。合衆国最高裁判所は，一般論として，個人の幸福追求権がコモンローにおいて長期にわたり保護されてきたことを認める。そして，契約を結ぶ権利，職業を選択する権利，様々な知識を獲得する権利，結婚をする権利，家庭を築き子どもを育てる権利などがそこに含まれるとする。その上で，アメリカ合衆国市民が教育と知識の獲得を重視してきた点を強調し，ドイツ語の知識を獲得することを有害とすることに合理性は存在せず，逆にその学習は一般的には有用で望ましいことだと見なされてきたと結論付けたのである。

合衆国最高裁判所は，人口に占める外国出生者数，いわゆる移民一世の数が増大し，一部では外国語が日常用語として使用され，外国人のリーダーの下で外国的雰囲気が醸し出されていることを認めている。そして，その雰囲気こそが，そこで育つ子どもたちにとってアメリカで最も必要とされるタイプの市民に成長することの妨げとなっており，公共の安全が危機に瀕しているとの主張を支持しているのである。にもかかわらず，州政府が市民の肉体的，精神的，道徳的な資質を向上させる権限を有していることを承認した上で，最終的には，個人に対して平等に保障されるべき様々な権利を侵害することはできないと判示し，ネブラスカ州法は合衆国憲法に違反すると判示している。

4. 国旗・国歌と国民統合

また，学校における国旗・国歌の取り扱いも国民統合と深く関わっている。アメリカ合衆国では，19世紀半ば以降，学校現場において国旗を用いた国民統合が推進されている。国旗に対する忠誠宣誓の儀式（pledge of allegiance）である。

この儀式は，1894年，『若者の友（The Youth's Companion)』が，コロンブス大陸発見記念日に「忠誠宣誓」を全米規模で展開する運動を実施して以降，義務教育制度の確立の後を追うかのように学校教育の中に浸透していく。1898年にはニューヨーク州が全米最初の公立学校における忠誠宣誓法を制定し，1920年の国旗会議（National Flag Conference）を経て，1942年の連邦議会による忠誠宣誓の公式化へと進んでいった。この一連の動きが，移民の子どもを含め全ての子どもがアメリカ合衆国市民としてのアイデンティティーを形成するという“アメリカ化運動”と密接に関連していたことは改めて指摘するまでもないだろう。

だが，自由の国とも称されるアメリカ合衆国は，個人の権利保障に敏感な国家であり，当然のことながら公立学校における忠誠宣誓の位置付けを巡りこれまでいくつもの議論が展開されている。

合衆国最高裁判所において忠誠宣誓の在り方が最初に本格的に議論されたのは，ゴビティス訴訟（Minersville School Dist. v. Gobitis, 310 U.S. 586（1940)）においてのことであった。エホバの証人の保護者とその子ども２人が，聖書の教えに背くとして，宗教上の理由に基づき国旗への忠誠宣誓を拒否したことを理由に公立学校への通学を拒否されたことを問題とし，提起した訴訟である。

合衆国最高裁判所判決は，信仰上の理由から忠誠宣誓を拒否する子どもに対し，儀式への参加の義務付けが合衆国憲法修正14条で保障される自由を適正な手続きを経ることなく侵害することになるか否かという問題設定を行った上で，信教の自由の重要性を強調しつつも，一般的な法に従う義務による限界を認めた。そして，司法の場は，教育政策上の争点を検討するための場ではなく，伝統的な民主主義の理想に対する忠誠の確保という繊細なプロセスの中で競合する考慮要素を選択し，また人種や宗教観が多様化する中，個人の特異的な性質を尊重することは，合衆国最高裁判所の本分ではないとした。

判決によれば，国家的統一は国家の安全の基礎であり，州政府等にはそれを達成するための適切な手段を選ぶ権限が認められる。この論理の下，国旗に対する忠誠宣誓による国民統合を肯定したものと評価できる。

だが，合衆国最高裁判所は，わずか数年でこの姿勢を変化させることになる。1943年のバーネット判決（West Virginia State Board of Education v. Barnette, 319 U.S. 624 (1943)）においてのことである。

訴訟を提起したのはやはりエホバの証人の生徒であった。判決は，まず，被上告人（生徒）らによって主張されている自由は，他のいかなる個人によって主張されている権利とも衝突せず，忠誠宣誓の儀式への参加の拒否は，他の生徒がそれに参加する権利を妨害も否定もしないとする。そして，意見の相違を強制的に排除しようとする者は，すぐに意見の異なる者を根絶してしまうことに気付くとし，強制的な意見の統一は「墓場」における全員一致に他ならないとした。

その上で，判決は有名な一節を提示し，国旗に対する忠誠宣誓の儀式への参加を拒否する自由を認めた。もしアメリカ合衆国の憲法という星座の中に大きく輝く星があるとするならば，それは地位の高いか低いかを問わず，いかなる公務員も，政治，ナショナリズム，宗教その他思想に関連する問題について，何が正統であるかを決めたり，言葉や行動によって自己の信念を告白することを強制することはできないという点にある。

判決は，国民統合の重要性を否定しているわけではない。アメリカ合衆国憲法が保障する権利，自由を恒星にたとえ，国旗に対する忠誠宣誓の儀式への参加を拒否する自由を認めた判決は，自由の国とも称されるアメリカ合衆国において，少数者の考え方を抑圧する手法を用いて国民統合を図ることの意味を問い直したものと評価できるだろう。

5．就学義務と不登校の権利

就学義務を巡る衝突は，言語以上に国民統合に暗い影を投げかけることになる。その最たる例は，就学義務を否定する，「不登校の権利」論である。

文部科学省の「令和４年度児童生徒の問題行動・不登校等生徒指導上の諸課題に関する調査」によれば，2022（令和４）年度の国公私立の小・中学校における長期欠席者のうち，不登校を理由とする者は，小学校で 105,112人（前年度81,498人），中学校で 193,936人（前年度163,442人）であり，在籍者数に占める割合は，それぞれ小学校1.7％（前年度1.3％），中学校6.0％（前年度5.0％）となっている。そのうち，出席日数が０日の者は，小学校2,910人，中学校6,704人とされ，不登校児童・生徒に占める割合は，小学校で2.8％，中学校3.5％にも上っている[*18]。

周知のように，日本においては，2016（平成28）年12月，「義務教育の段階における普通教育に相当する教育の機会の確保等に関する法律」（教育機会確保法）が成立し，不登校児童・生徒を国や地方公共団体が支援することが法律上明記された。教育機会確保法の成立により，事実上，就学義務が緩和されたと受け取る向きもあり，不登校児童・生徒の増加に拍車がかかっているという声も存在している。国民統合という視

＊18　出席日数が10日以下の者（出席日数０日の者を除く）は，小学校8,029人，中学校23,938人であり，不登校児童・生徒に占める割合は，小学校7.6％，中学校12.3％にも達する。

点から見るならば，不登校児童・生徒の増加は憂うべき状況ということになろう。

では，不登校の権利なるものは存在するのだろうか。先に触れたように，教育学の分野では，日本国憲法が規定する「義務教育」は，「国民の権利」であるとの前提に立ち，「子どもの教育を受ける権利を現実に保障する手段として，その父母および国家・社会が教育機会の配慮の義務を負うもの」と理解すべきという主張が有力である。学校教育は，本来，個々の親や地域社会が行っていた私事としての教育を組織化したものに過ぎないとする「私事の組織化論」である。この考え方は，不登校の権利を肯定する立場と親和性を有している。保護者自らの手で十分な教育を子どもに施している限り，少なくとも理論上は，義務教育諸学校への就学を拒否することを認めるべきという結論に到達することにならざるを得ないと考えられる*19。

アメリカ合衆国においては，この点について既に司法の場で争われている*20。カリキュラムの内容ではなく，義務教育制度そのものの存在意義，義務教育からの離脱という不登校の権利が正面から議論されたのが，信教の自由を根拠として就学義務を免れることができるか否かが争われた Wisconsin v. Yoder, 406 U.S. 205（1972）である。

ウィスコンシン州の義務教育法は，子どもが16歳になるまで公立学校または私立学校に就学することを義務付けていた。被告らはキリスト教の一派であるアミッシュに属していたが，子どもたちがいまだ16歳に達せず，また義務教育法上の免除規定に該当しなかったにもかかわらず，それ以降，法律上容認されているいかなる学校にも就学させることを拒

*19　ただし，この結論を導くためには，日本国憲法が規定する「普通教育」の内容を別途確定する必要性が生じることになる。

*20　義務教育制度が普及して以降，アメリカ合衆国においては，性教育，言語教育，進化論等，主としてカリキュラムの内容を巡って，幾度となく就学義務を巡る衝突が繰り返されてきた。

絶し，起訴されることになった*21。

合衆国最高裁判所は，被告の主張に与(くみ)し義務教育からの離脱を認めたウィスコンシン州最高裁判所の判断を支持し，ウィスコンシン州の上訴を棄却する判決を下している。判決は，まず，州政府が州民の教育に対して高度の義務を負っているとする。そして，これを根拠として，州政府が合理的な範囲で義務教育等の基礎的な教育に関して規制を行う権限を導き出している。

だが，州政府の権限は全くの無制約というわけではない。親の教育権，この事件では自己の信仰に基づいて子どもを育てる自由といった連邦憲法が保障する権利との関係で，一定の制約を受けることを認めている。そして，州政府がこの権限を行使して就学を強制する場合には，それによって信教の自由が否定されるわけではないこと，又はそれに優越する利益が州の側に存在することが明らかでなければならないとした。

判決は，この基準に照らして事件を分析する。州政府は，市民の「健康」「安全」「福祉」を守るために，信教の自由その他の個人の基本権を制約することが一定の範囲で認められるべきであること*22，そして，親の教育権の行使が，子どもの健康や安全を害する場合やその可能性が存在する場合には，州政府がこの権限に基づいて介入することが許されることを示唆した。しかし判決は，最終的に，アミッシュの信仰と生活，そしてその真摯さを考慮し，被告らの子どもに残りの期間の就学を免除したとしても，肉体的にも精神的にも健康を害するということはなく，

*21　アミッシュは，ヨーロッパで起こったプロテスタント・キリスト教の一派であり，ペンシルベニア州東部に1700年代前半に植民したのが始まりといわれる。1800年代半ば，伝統を重視しようとする「旧秩序派アミッシュ（Old Order Amish）」とそうではないグループに分離した。旧秩序派アミッシュは，伝統的戒律を守りつつ社会的にも政治的にも孤立したコミュニティーを形成し，近代的なアメリカ文明を拒否する生活を送っている。現在では，アミッシュという言葉は，旧秩序派アミッシュを意味するのが一般的である。被告らも旧秩序派アミッシュに属している。

*22　具体的には，9学年から12学年までの4年間の就学拒否に当たる。

また将来的に市民としての義務を果たす上で支障を来すこともないと結論付けている。

日本に引き寄せてYoder判決を考えるとき，その最大の意義は，自己の有する価値観に基づいて子どもを育てるという親の価値観が，憲法上の争点を形成することを承認した点にあると考えられる。教育機会確保法が成立し，今後，日本においても不登校を巡る訴訟が登場してくる可能性がある。就学させることは保護者の当然の義務であり，不登校の権利など認められるわけがないという先入観を捨て，この問題が訴訟の場で憲法上の論点を形成する可能性があることを認識しておく必要があるといえるだろう。

参考文献

坂田仰編著『改訂版　学校と法―「権利」と「公共性」の衝突』（放送大学教育振興会，2016）
勝野正章・藤本典裕編『教育行政学　改訂新版』（学文社，2015）
坂田仰編著『学校と法』（放送大学教育振興会，2012）
仙波克也・榊達雄編著『現代教育法制の構造と課題』（コレール社，2010）
戸波江二・西原博史編著『子ども中心の教育法理論に向けて』（エイデル研究所，2006）

演習問題

以下の文章について，妥当なものには○，妥当でないものには×を付し，×を付けたものについては簡単にその理由を記載せよ（条文や裁判例を挙げるのでもよい）。

1．日本には，いわゆる不登校の権利と親和性を示す法律が既に存在している。

理由：＿＿＿＿＿＿＿＿＿＿＿＿＿＿＿＿＿＿＿＿

＿＿＿＿＿＿＿＿＿＿＿＿＿＿＿＿＿＿＿＿

2．学校教育においては，国語，算数・数学，理科といった，明示されたカリキュラムに従って子どもの社会化が図られており，国民統合の手段はこの明示されたカリキュラム以外に存在しない。

理由：＿＿＿＿＿＿＿＿＿＿＿＿＿＿＿＿＿＿＿＿

＿＿＿＿＿＿＿＿＿＿＿＿＿＿＿＿＿＿＿＿

3．学校は，国，地方公共団体，私立学校法が規定する学校法人のみが設置主体になることができ，この点について例外は存在しない。

理由：＿＿＿＿＿＿＿＿＿＿＿＿＿＿＿＿＿＿＿＿

＿＿＿＿＿＿＿＿＿＿＿＿＿＿＿＿＿＿＿＿

4．アメリカ合衆国では，義務教育からの離脱が裁判で争われた例があり，合衆国最高裁判所は一定の条件の下にこれを容認する判決を下している。

理由：＿＿＿＿＿＿＿＿＿＿＿＿＿＿＿＿＿＿＿＿

＿＿＿＿＿＿＿＿＿＿＿＿＿＿＿＿＿＿＿＿

5．大日本帝国憲法下では，教育制度の創設・運用を法律ではなく天皇の勅令で行うとする，教育の勅令主義が中核を占めていた。

理由：＿＿＿＿＿＿＿＿＿＿＿＿＿＿＿＿＿＿＿＿

＿＿＿＿＿＿＿＿＿＿＿＿＿＿＿＿＿＿＿＿

3 学校運営における学習指導要領・教科書の位置

坂田　仰

《目標＆ポイント》 戦後日本の教育紛争は，長きにわたり，東西冷戦構造のイデオロギー対立を反映した旧文部省対日教組（日本教職員組合）という図式の中で展開されてきたといっても過言ではない。その中心を占めていたのは，学校現場における教育内容を誰が決定するかを巡る対立，いわゆる教育権論争である。本章では，教育権論争について触れた後，現在，学校現場において教育内容を規定する存在である学習指導要領を前提とし，これに基づく教科書検定，教科書の使用義務等について，学校運営の実務的観点から検討する。
《キーワード》 教育権論争，国家の教育権，国民の教育権，教師の教育の自由，旭川学力テスト訴訟

2017（平成29）年３月，小学校学習指導要領，中学校学習指導要領が告示（高等学校学習指導要領については2018（平成30）年３月告示）され，小学校では2020（令和２）年度，中学校では2021（令和３）年度，高等学校では2022（令和４）年度から実施されている。今次の改訂は，日本社会の価値観が多様化する中，どのように社会が変化しようとも，自ら課題を発見し，自ら学び，自ら考え，自ら判断を下し行動する力の育成，生きる力を育む教育をより強く指向するものである。

周知のように，日本の小・中・高等学校，特別支援学校では，公立，私立の区別を問わず，学習指導要領の下，これに基づいて作成された教科書を用いた授業が展開される。そのため，学習指導要領が改訂される

たびに，教科書の改訂作業が進められることになる。いわゆる教科書検定のプロセスである。

1．教育権論争

だが，昭和の時代，教育内容の決定権を誰が有しているのか，すなわち教育権の所在を巡り，日本社会を二分する論争が存在した。“教育権論争”である。

教育権の所在に関しては，「国家の教育権説」と「国民の教育権説」という2つの対照的な考え方が存在している。国家の教育権説は，学校教育の内容の決定について，国家*1が民主的手続きに従い全国一律に決定する権能を有しているとする。その根拠としては，議会制民主主義と教育の中立性確保の要請を挙げるのが一般的である。

議会制民主主義論においては，国家が選挙を中心とした「投票箱と民主制のプロセス」を通じて権力の行使について国民の信託を受けていることが強調される。そして，学校教育も多様な権力行使の一場面，言い換えるならば「政策」の一つに措定され，その在り方は政治的なプロセスの中で決定されていくべきものと考えられることになる。

他方，教育の中立性確保論は，学校において子どもたちの教育にあたる教員の考え方一つで教育内容が異なる可能性を排除することを理由としている。個々の教員による教育内容の差異を防止するために，あらかじめ国家が共通の教育内容を決定しておく必要があるとされる。教育の中立性確保論には，教員の有するイデオロギー的な側面による差異の発生防止を強調する考え方と，小・中・高等学校あるいは特別支援学校といった学校種ごと，または学年ごとに全国的に統一された到達目標が設

*1　「国家」という用語は多義的な意味で用いられる。本書においては，司法権，立法権，行政権の三権に代表されるいわゆる「国」と「地方公共団体」等を含むものとして，この用語を使用している。

定されていることの必要性を強調する考え方，の２つの立場が混在している。

これに対して国民の教育権説は，学校教育は，子どもに対する保護者の教育義務が共同化されたもの，すなわち「私事の組織化」として措定することから出発する。そして，教育の私事性を強調することを通じて，教育内容の決定を社会一般に解放し，教員や保護者（親），地域住民の自律に委ねるべきことを主張する[*2]。

仮に，教育内容の決定に国家の介入を許容するとしたならば，政治的圧力に教育内容が歪曲（わいきょく）される可能性が高いとして，制度的にこれを排除しようとする点に国民の教育権説の特徴が存在している。それゆえに，国民の教育権説においては，国家の役割は，公教育制度の設置や学校施設の整備といった教育の条件整備，いわゆる「外的事項」に限定される。そして，教育内容を中核とする「内的事項」に対しては，国家の介入権が否定され，教員を中心とする国民の側に「教育の自由」が確保されるべきことになる（内外事項区分論）[*3]。

ただ，ここで論じた「国家の教育権説」と「国民の教育権説」はあくまでも理念型に過ぎない。実際には，高等教育機関に限らず普通教育機関[*4]の教員にも「教授の自由」が認められるのかという憲法23条が保障する学問の自由も絡み合い，複雑な様相を呈してきた。「国家の教育権説」に立ちながらも，教員の裁量を強調する形で教育の自由に配慮する考え方が存在する一方で，「国民の教育権説」に与しながらも教育内容について「指導助言」という形で一定程度国家の関与を認めようとする立場も存在している。互いに原則論を掲げながら，結局のところ双方の

＊2　例えば，森田明「教育を受ける権利と教育の自由」法律時報49巻７号（1977年）参照。

＊3　内外事項区分論については，佐藤修司『教育基本法の理念と課題―戦後教育改革と内外事項区分論』学文社（2007年）を参照。

＊4　本章では，大学に代表される高等教育機関を除いたもの，すなわち幼稚園から高等学校に至る諸学校を指す概念として使用している。

バランスの取り方が模索され続けてきたと言っても過言ではない。

2. 旭川学テ判決

教育権論争は，教師の教育の自由を媒介とし，学習指導要領の法的拘束性，教科書の使用義務，全国一斉学力テストの可否等を巡って，多くの教育紛争，教育訴訟において展開されてきた。この教育権論争に対して，最高裁判所が正面から応えたのが旭川学力テスト訴訟判決（「旭川学テ判決」最高裁判所大法廷判決昭和51年5月21日）である。

旧文部省は，1960（昭和35）年秋，全国の中学2，3年生を対象とする学力調査の実施を公表した。その後，昭和36年3月8日付け文部省初等中等教育局長，同調査局長連名による「中学校生徒全国一斉学力調査の実施期日について（通知）」と題する書面と，同年4月27日付け「昭和36年度全国中学校一斉学力調査実施について」という書面に調査実施要綱を添付したものを，都道府県教育委員会教育長等に宛てて発した。そして，都道府県教育委員会に対し，地方教育行政の組織及び運営に関する法律（地教行法）に基づき，調査の実施とその結果に関する資料，報告の提出を求めた。

北海道教育委員会は，道内の市町村教育委員会に対して調査及びその結果に関する資料，報告の提出を求めた。これを受けた旭川市教育委員会は同市立の各中学校長に対し，校長をテスト責任者として中学校における学力調査の実施を命じた。旭川市立永山中学校において阻止活動が展開され，これに参加した同校の教員等が公務執行妨害罪等で起訴されることになった。

第一審は，本件学力調査の実施自体が違法であり，かつ，その違法がはなはだ重大であるとして，公務執行妨害罪の成立を否定した（旭川地方裁判所判決昭和41年５月25日)。控訴審（札幌高等裁判所判決昭和43年６月26日）においてもこの結論が維持されたため，上告審では，公務執行妨害罪の成否を判断する前提として，教育権の所在，より具体的には国民の教育権説とそこから導かれるとされる「教師の教育の自由」が争点となった。

最高裁判所判決は，まず，教育を受ける権利を保障する憲法26条の背後には，「国民各自が，一個の人間として，また，一市民として，成長，発達し，自己の人格を完成，実現するために必要な学習をする固有の権利を有すること，特に，みずから学習することのできない子どもは，その学習要求を充足するための教育を自己に施すことを大人一般に対して要求する権利を有するとの観念が存在していると考えられる」とする。しかし，この事実から「教育の内容及び方法を，誰がいかにして決定すべく，また，決定することができるかという問題に対する一定の結論は，当然には導き出されない」とした。そして，国家の教育権，国民の教育権について，いずれも極端かつ一方的であると退けた上で，親，国，学校という３つの教育主体の教育内容の決定に対する関与を論じている。教育内容の決定権に関する権限分配論的アプローチである。

第一に，親は，「子どもに対する自然的関係により，子どもの将来に対して最も深い関心をもち，かつ，配慮をすべき立場にある者として，子どもの教育に対する一定の支配権，すなわち子女の教育の自由を有すると認められる」。しかし，親の教育の自由は，「主として家庭教育等学校外における教育や学校選択の自由にあらわれる」ものと考えられるとする。そして，私学教育における自由や教師の教授の自由も，「それぞれ限られた一定の範囲においてこれを肯定するのが相当である」としている。

それ以外の領域について国は，「一般に社会公共的な問題について国民全体の意思を組織的に決定，実現すべき立場にある国は，国政の一部として広く適切な教育政策を樹立，実施すべく，また，しうる者として，憲法上は，あるいは子ども自身の利益の擁護のため，あるいは子どもの成長に対する社会公共の利益と関心にこたえるため，必要かつ相当と認められる範囲において，教育内容についてもこれを決定する権能を有する」とし，国家の教育内容に対する関与権限が容認されるべきとの立場を明らかにしている。

なお教師の教育の自由について判決は，「知識の伝達と能力の開発を主とする普通教育の場においても，例えば教師が公権力によつて特定の意見のみを教授することを強制されないという意味において，また，子どもの教育が教師と子どもとの間の直接の人格的接触を通じ，その個性に応じて行われなければならないという本質的要請に照らし，教授の具体的内容及び方法につきある程度自由な裁量が認められなければならないという意味においては，一定の範囲における教授の自由が保障されるべきことを肯定できないではない」として一定の理解を示している。しかし，「普通教育においては，児童生徒にこのような〔批判〕能力がなく，教師が児童生徒に対して強い影響力，支配力を有することを考え，また，普通教育においては，子どもの側に学校や教師を選択する余地が乏しく，教育の機会均等をはかる上からも全国的に一定の水準を確保すべき強い要請があること等に思いをいたすときは，普通教育における教師に完全な教授の自由を認めることは，とうてい許されない」とし，最終的にこれを退けている点に留意する必要がある。

3. 教科書検定

では，学習指導要領とこれに基づく教科書検定制度についてはどうであろうか。

教科書とは，「小学校，中学校，義務教育学校，高等学校，中等教育学校及びこれらに準ずる学校において，教育課程の構成に応じて組織排列された教科の主たる教材として，教授の用に供せられる児童又は生徒用図書」をいう（教科書の発行に関する臨時措置法2条1項)。学校教育法は「文部科学大臣の検定を経た教科用図書又は文部科学省が著作の名義を有する教科用図書を使用しなければならない」(34条1項）と規定しており，ここから，教科書には検定教科書と文部科学省著作教科書が存在していることが理解できる。

検定教科書は，民間で著作・編集された図書について，文部科学大臣が教科書として適切か否かを審査し，その結果，教科書として使用することが認められたものをいう。教科書の著作・編集を民間に委ねることにより，著作者の創意工夫に期待するとともに，検定を行うことにより，適切な教科書を確保することをねらいとしているといわれている[*5]。

検定は，国民の教育を受ける権利を実質的に保障するため，全国的な教育水準の維持向上，教育の機会均等の保障，適正な教育内容の維持，教育の中立性の確保を目指し，教科用図書検定基準に基づき，学習指導要領に照らして，記述の客観的公正さ，教育的配慮の適切さといった観点から実施されることになっている。

これに対して，教科書検定制度が，日本国憲法に違反するとする訴訟が繰り返し提起されている。その代表例が，三次訴訟まで30年以上にわ

---

*5　ただし，民間企業が，リスクを負いつつ教科書の制作に関わっていることに留意しなければならない。このリスクが教科書採択を巡って顕在化することがある。教科書採択はオールオアナッシングの世界であり，しかも一度採択されれば4年間の継続が原則的に保障される。そのため，リスクを負う企業の営業活動は時に過激なものとなり，そこに教科書採択の不正が生じる。教科書採択の「構造汚職」の問題である（例えば，大阪地方裁判所判決令和5年1月25日等)。学校教育において教科書が果たす役割を考えると，採択の公正性，透明性を確保することが必須であり，企業の営業活動とのバランスをどう図っていくかという課題が存在することに注意を払う必要があろう。

たって争われた家永教科書検定訴訟である。原告は，高等学校日本史の教科書の執筆者であった。第一次訴訟における原告の教科書は，検定の際，文部大臣（当時）から多数の修正指示を受け，指摘された部分を修正した上で発行された。これを不服とした原告が，教科書検定制度自体が，執筆者の表現の自由（日本国憲法21条）や学問の自由（同23条）を侵害し，あるいは国が教育内容に介入するものであるとして，教育を受ける権利（同26条）を根拠とする教育の自由あるいは旧教育基本法10条等に違反する等として，損害賠償を求める訴訟を提起したものである。

この点，最高裁判所は，旭川学テ判決以降，一貫して教育内容の決定権に関する権限分配論的アプローチを踏襲している。第一次家永教科書検定訴訟最高裁判所判決（最高裁判所第三小法廷判決平成５年３月16日）は，まず，旭川学力テスト訴訟判決を援用し，国の教育内容に対する関与権を承認した上で，子どもが自由かつ独立の人格として成長することを妨げるような内容を含むものではなく，検定を経た教科書を使用することが，教師の授業等における裁量の余地を奪うものでもないとした。そして，たとえ教科書検定に不合格となったとしても，一般図書としての発行は妨げられておらず，発表禁止目的や発表前の審査などの特質がないことから，日本国憲法が禁止する検閲には該当しない等とし，教科書検定の憲法適合性を全面的に肯定する旨を判示している。この立場は，第三次家永教科書検定訴訟（最高裁判所第三小法廷判決平成９年８月29日）のみならず，その後の他の教科書検定裁判においてもほぼ踏襲され，現在に至っている。そのため，こと憲法訴訟に関する限り，教科書検定制度それ自体の合憲性はほぼ確定したと見るべきであろう。

ただ，運用面では課題も存在する。2014（平成26）年の教科用図書検定基準（教科書検定基準）の改正以降強化されたといわれる，いわゆる「書かせる検定」の問題である[*6]。教科書検定基準の中には，「閣議決

---

*6　例えば，北海道新聞2022（令和４）年３月30日等。

定その他の方法により示された政府の統一的な見解又は最高裁判所の判例が存在する場合には，それらに基づいた記述がされていること」という一文が存在する。この「閣議決定その他の方法により示された政府の統一的な見解」に基づき，政府が，政治判断の下，特定の用語を教科書に書かせる検定が生まれたという批判が一部に存在している。

閣議決定とは，「内閣総理大臣及びその他の国務大臣をもって組織する合議体たる内閣の会議（閣議）で内閣の権限事項を決定すること」[*7]を意味する。それゆえ，そこに政治性が存在することは確かである。しかし，そもそも教科書は客観的な真理を記述したものなのかという疑問も存在する。仮に，「教育とは，『囚(とら)われの聴衆』に宛てた government speech に対し，政府が冠した美称である」[*8]としたならば，そこに政治的判断が介在することは当然と考えることもできなくはない。ただ，いずれにしても，書かせる検定という側面からは，学術的に問題のある記述等を削除するという消極的意味合いが後退し，より積極的に一定の見解を教科書に載せるという意味合いが強化された可能性は否定できないだろう。

4．教科書の使用義務

教科書検定が合憲であるとして，次に問題となるのはその使用義務についてである。たとえ，学習指導要領に基づく教科書が存在するとしても，現実の学校教育において教員がその使用義務を負わないとしたならば，国家の教育内容に対する関与権限は，事実上，意味をなさないことになる。

＊7　参議院法制局 HP　https://houseikyoku.sangiin.go.jp/column/column062.htm（最終アクセス2023年８月12日）。

＊8　蟻川恒正「思想の自由」樋口陽一編『講座憲法学第３巻　権利の保障』日本評論社（1994年）123頁。

この点，学校教育法は，学校においては，「文部科学大臣の検定を経た教科用図書又は文部科学省が著作の名義を有する教科用図書を使用しなければならない」とし，明確に教科書の使用義務を肯定している（34条1項）。だが，いわゆる教育法学の分野においては，「教師の教育の自由」を重視し，教育条理的解釈[*9]と称し，教科書を使用するか否かはあくまでも教員の意思に委ねられるべきとの考え方が有力である[*10]。この考え方の下では，教員が教科書を使用しようとする場合に限って，検定教科書または文部科学省著作教科書から選択しなければならないと解されることになる。

その当否が司法の場で争われたのが，福岡伝習館訴訟であった。県立高等学校に勤務する複数の教員が，教科書を使用せず，高等学校学習指導要領に定められた目標・内容を逸脱した指導を行ったこと等を理由として，県教育委員会によって懲戒免職処分を受けた。これを不服とした教員側は，教師の教育の自由を前面に掲げ，教育内容について国家が介入することはできない，学習指導要領には法的拘束力は存在しない等として，懲戒処分の取消しを求める訴訟を提起している。

これに対し最高裁判所判決（最高裁判所第一小法廷判決平成2年1月18日）は，「国が，教育の一定水準を維持しつつ，高等学校教育の目的達成に資するために，高等学校教育の内容及び方法について遵守すべき基準を定立する必要があり，特に法規によってそのような基準が定立されている事柄については，教育の具体的内容及び方法につき高等学校の教師に認められるべき裁量にもおのずから制約が存する」と判示し，学習指導要領の法規としての性格を明確に肯定した。その上で，原告らの教育実践は，「日常の教育のあり方を律する学校教育法の規定や学習指

＊9　「もし条文の文理どおりでは条理に反するという場合には，その法規の当該部分は，あるいはその効力を否定され，あるいは条理に適するように解釈されねばならない」とする考え方をいう（兼子仁他編『教育行政と教育法の理論』東京大学出版会（1974年））。

＊10　例えば，兼子仁『教育法〔新版〕』有斐閣（1978年）等。

導要領の定め等に明白に違反する」と断じている。

特に，控訴審判決（福岡高等裁判所判決昭和58年12月24日）において，法規違反の程度が必ずしも著しいものとはいえないとされた教員に対し，最高裁判所判決が，教科書の不使用は「年間を通じて継続的に行われた」として，控訴審の判断を覆している点は注目に値する。判決は，教科書の記述内容が「自分の考えと違うとの立場から使用しなかったもの」とし，一審原告教員の「法規違反の程度は決して軽いものではない」と判示している点には留意する必要がある。この強い姿勢を見る限り，最高裁判所判決は，教科書を主たる教材として捉え，その使用義務を相当程度重視していると見るべきであろう。

ただし，教科書はあくまでも主たる教材であり，副読本や資料集，問題集，プリント等，教科用図書以外の図書その他の教材で，有益適切なものを補助教材として使用することはもちろん可能である（学校教育法34条４項等)。この点，公立学校の場合，「学校における教科書以外の教材の使用について，あらかじめ，教育委員会に届け出させ，又は教育委員会の承認を受けさせることとする定めを設ける」ことを，教育委員会に義務付ける規定が存在することに注意を払う必要があろう（地教行法33条２項)*11。

5. “教師の教育の自由”論の終焉

教育権論争に関わる最高裁判所の一連の判決に依拠すると，実務上は，「国家の教育権」を前提としつつ，学習指導要領の下，教員の教育実践における「裁量」をどこまで認めるのかという権限分配論的アプローチが現実的と言える。

*11　しかし，授業プリント等，日々使用する副教材まで，全て届け出，承認を義務付けていると考えることは現実的ではない（文部科学省「学校における補助教材の適切な取扱いについて（通知)」平成27年３月４日付け26文科初第1257号)。

ただ，ここで注意を必要とするのは，国家が教育の内容に対して介入する権限を有しているという場合，日常的にその介入権を行使すべきだということを意味するわけではないという点である。ある認識の表明から直ちにそうすることが正当であるとの実践的結論を常に導き出すことはできない。その意味においては，国民の教育権説が果たしてきた歴史的，運動論的役割は評価に値すると考えられる。最後に，国民の教育権説とそこから導き出されるとされる“教師の教育の自由”について，若干の問題提起を行いまとめに代えることにしたい。

確かに，教員が児童・生徒の教育に全精力を投入しようとする限り，教員の人格，思想等が教授の内容に現れてくることは避けられない。だが，児童・生徒は「未だ十分な批判力を持たない年代であるから，教師の持つている思想，主義を常にそのまま教示できるとは限らず，おのずから一定の抑制を求められる」だろう（広島高等裁判所判決昭和60年5月31日）。

だが最大の疑問は，国民の教育権説が，「教員」を保護者や地域住民と同様，「国民」の側に位置付けようとしてきたところに矛盾が存在しているのではないかというものである。イデオロギー的対立が過去のものとなりつつある現在，「教員」と「保護者」の関係は，調和，共存というよりもむしろ「対立」的な場面が増加しつつある。「社会構造に内在する秩序装置が力を失って，当事者を直接とりまく人々からなる紛争準拠集団の機能が低下し，国家の法規や手続や制裁力によらなければ紛争の解決が困難な傾向」[*12]が，学校現場においても確実に強まっていると言えるだろう。

さらに付言するならば，この「対立」関係が対等というわけではない。中学校を例にとれば，調査書を重視する現行の高等学校入試制度を通じて，教員の成績評価権の前に保護者側は一般的に劣位に置かれる可能性

＊12　六本佳平『法社会学』有斐閣（1986年）250頁。

がある。この成績評価権の問題一つをとってみても，教員の有する権力的性格は明らかである。

にもかかわらず，その権力的性格を捨象し，教員を「国民」の側に位置付けることは，保護者，地域住民，教員の自律，討議といいつつも，これらアクターの討議を経ることなく，教員が教育内容の決定を簒奪（さんだつ），独占するという構造を容認することにならざるを得ない[*13]。国民の教育権説が強調してやまない，教育内容の決定を教員，保護者，地域住民の自律，討議に委ねるべきとの主張は，ここにフィクションへと転化する。そうすると，国家の教育権説と国民の教育権説の対立は，理論上はともかく，その実態としては，全ての学校における教育内容の統一を前提とし，その決定権を中央政府が握るのか，教員の多数派が握るのかという権力闘争に過ぎなかったことになる。教員側から見たその象徴が，私事の組織化という枠組みを通じて教育内容の決定権が教員へと信託されるというフィクションを媒介とした“教師の教育の自由”という表現だったと言えなくもない。

なお，福岡伝習館訴訟をはじめとする多くの教育訴訟において，“教師の教育の自由”の根拠として旧教育基本法10条がしばしば援用されてきた。同条は，教育は，「不当な支配に服することなく，国民全体に対し直接に責任を負つて行われるべきものである」（10条１項）とし，教育行政は，「この自覚のもとに，教育の目的を遂行するに必要な諸条件の整備確立を目標として行われなければならない」と規定していた（10条２項）。この「不当な支配」の禁止，国民全体に対する「直接責任」を根拠として，“教師の教育の自由”が導かれるとされてきたのである。

だが，2006（平成18）年の教育基本法改正に際して，「国民全体に対し直接に責任を負つて」という部分が削除され，「この法律及び他の法律の定めるところにより」（16条１項）という文言へと改められた点に

＊13　西原博史「愛国主義教育体制における「教師の自由」と教育内容の中立性」日本教育法学会年報32号（2003年）106-107頁。

留意する必要がある。この改正には，教育訴訟において，“教師の教育の自由”を擁護する「楯」として機能してきた旧教育基本法10条の性格を転換することによって，“教師の教育の自由”論を学校現場から駆逐し，学習指導要領の貫徹を図るという実際的な意味合いが存在すると見るべきであろう。

参考文献

戸波江二・西原博史編著『子ども中心の教育法理論に向けて』（エイデル研究所，2006）

内野正幸『教育の権利と自由』（有斐閣，1994）

佐藤修司『教育基本法の理念と課題—戦後教育改革と内外事項区分論』（学文社，2007）

兼子仁『教育法〔新版〕』（有斐閣，1978）

兼子仁他編『教育行政と教育法の理論』（東京大学出版会，1974）

演習問題

以下の文章について，妥当なものには○，妥当でないものには×を付し，×を付けたものについては簡単にその理由を記載せよ（条文や裁判例を挙げるのでもよい）。

1．学習指導要領に法的拘束力を認めることは，憲法，教育基本法等に違反し，教師の教育の自由を侵害するというのが，最高裁判所判決の基本的なスタンスである。

理由：＿＿＿＿＿＿＿＿＿＿＿＿＿＿＿＿＿＿＿＿

＿＿＿＿＿＿＿＿＿＿＿＿＿＿＿＿＿＿＿＿

2．いわゆる教科書検定は，児童・生徒の教育を受ける権利を侵害する可能性があり，日本国憲法に違反するというのが，最高裁判所判決の基本的なスタンスである。

理由：＿＿＿＿＿＿＿＿＿＿＿＿＿＿＿＿＿＿＿＿＿＿＿＿＿＿＿＿

＿＿＿＿＿＿＿＿＿＿＿＿＿＿＿＿＿＿＿＿＿＿＿＿＿＿＿＿

3．学校教育法が規定するいわゆる教科書は，小学校，中学校，高等学校における主たる教材であり，教員は教科書を使用する法的義務を負っている。

理由：＿＿＿＿＿＿＿＿＿＿＿＿＿＿＿＿＿＿＿＿＿＿＿＿＿＿＿＿

＿＿＿＿＿＿＿＿＿＿＿＿＿＿＿＿＿＿＿＿＿＿＿＿＿＿＿＿

4．教科書検定は，教科書検定基準に基づき行われており，そこに政治的判断が紛れ込む余地は，理論的見地からも，実務的見地からも，およそ想定しがたい。

理由：＿＿＿＿＿＿＿＿＿＿＿＿＿＿＿＿＿＿＿＿＿＿＿＿＿＿＿＿

＿＿＿＿＿＿＿＿＿＿＿＿＿＿＿＿＿＿＿＿＿＿＿＿＿＿＿＿

5．小学校，中学校，高等学校において，教科用図書以外の図書その他の教材で，有益適切なものは，これを使用することができる。

理由：＿＿＿＿＿＿＿＿＿＿＿＿＿＿＿＿＿＿＿＿＿＿＿＿＿＿＿＿

＿＿＿＿＿＿＿＿＿＿＿＿＿＿＿＿＿＿＿＿＿＿＿＿＿＿＿＿

4　学校教育における平等

坂田　仰

《目標＆ポイント》 子どもの貧困対策の推進に関する法律や障害者差別解消法等の制定，あるいはLGBTに対する社会的理解の深化等を受けて，学校教育における平等の在り方は大きく変化している。本章では，学校教育における平等について，日本国憲法や教育基本法，学校教育法等の関係法規を参考にしつつ，貧困，外国人，LGBT等の観点から検討することにする。

《キーワード》 平等，教育の機会均等，マイノリティーの教育権，男女別学，子どもの貧困

1．平等規定

日本国憲法は，「すべて国民は，法の下に平等であつて，人種，信条，性別，社会的身分又は門地により，政治的，経済的又は社会的関係において，差別されない」と規定している（14条1項）。「法の下の平等」として知られる，平等に関する総則的規定である。日本国憲法の教育条項（26条1項）にいう「その能力に応じて，ひとしく教育を受ける権利」は，日本国憲法14条1項の教育面における反映であり，教育政策その他において，教育の機会均等の貫徹が求められることになる。

教育基本法は，日本国憲法の規定を受けて，「すべて国民は，ひとしく，その能力に応じた教育を受ける機会を与えられなければならず，人種，信条，性別，社会的身分，経済的地位又は門地によって，教育上差別されない」（4条1項），「国及び地方公共団体は，障害のある者が，その障害の状態に応じ，十分な教育を受けられるよう，教育上必要な支

援を講じなければならない」（４条２項），「国及び地方公共団体は，能力があるにもかかわらず，経済的理由によって修学が困難な者に対して，奨学の措置を講じなければならない」（４条３項）とするより詳細な規定を置いている。2006（平成18）年，教育基本法が全面改正された際，旧教育基本法３条を引き継ぎ，教育における差別の禁止と，国・地方公共団体による奨学措置の必要性を規定するとともに，障害者に対する教育支援について新たな規定が追加されたことに注意する必要がある。

2. 教育の機会均等

学校教育の歴史を振り返るとき，経済状態が教育を受ける権利を阻害する最大の制約要素となることは疑いない事実である。それゆえに，国家には，奨学制度等の整備を通じ，能力を有していながらも経済状況によって教育機会が得られない者に対して，教育を受ける権利を保障していく能動的義務が課せられることになる。

この国家の能動的義務に関しては，教育条項が生存権規定（日本国憲法25条）の直後に置かれているという点も併せて考える必要がある。教育条項が社会権規定として規定された背後には，日本国憲法が指向する福祉国家の理念に基づき，国民が健康で文化的な生活を営むにあたって，それを文化的側面から担保しようという意図が込められていると見るべきである。この点を重視するならば，国家が教育において差別を行うことを禁じるという消極的意味に止まることなく，それを当然の前提としつつ，より積極的に格差是正に向けた措置をとることを要求していると考えることが可能となるだろう。

子どもの貧困問題への対応は，現在，2013（平成25）年６月に成立した，子どもの貧困対策の推進に関する法律（子ども貧困対策法）を基礎に対応が進められている。「子どもの現在及び将来がその生まれ育った環境によって左右されることのないよう，全ての子どもが心身ともに健やかに育成され，及びその教育の機会均等が保障され，子ども一人一人が夢や希望を持つことができるようにするため，子どもの貧困の解消に向けて，児童の権利に関する条約の精神にのっとり，子どもの貧困対策に関し，基本理念を定め，国等の責務を明らかにし，及び子どもの貧困対策の基本となる事項を定めることにより，子どもの貧困対策を総合的に推進することを目的」とした法律である（1条）。

子ども貧困対策法の下，「国及び地方公共団体は，教育の機会均等が図られるよう，就学の援助，学資の援助，学習の支援その他の貧困の状況にある子どもの教育に関する支援のために必要な施策を講ずる」ことが求められている（10条）。日本国憲法や教育基本法が定める教育を受ける権利の実質化を促す規定と言える[*1]。

この点，日本国憲法は，「義務教育は，これを無償とする」と規定している（26条2項後段）。無償の範囲については，学説上，授業料無償説と，これに加えて教科書や給食費，文具代等を含むとする就学費無償説が対立してきた。最高裁判所は，歴史的経緯等に基づき，授業料無償説に与し，実務上も同様の運用が行われている（最高裁判所大法廷判決昭和39年2月26日）。ただし，教科書費用については，「義務教育諸学校の教科用図書の無償措置に関する法律」の制定によって，国公私立を問

＊1　その際，同法に基づき政府が定めた大綱が，「家庭の状況にかかわらず，学ぶ意欲と能力のある全ての子供が質の高い教育を受け，能力・可能性を最大限伸ばしてそれぞれの夢に挑戦できるようにすることが，一人一人の豊かな人生の実現に加え，今後の我が国の成長・発展にもつながる」とし，「学校を地域に開かれたプラットフォームと位置付けて，スクールソーシャルワーカーが機能する体制づくりを進めるとともに，地域において支援に携わる人材やNPO等民間団体等が中核となって放課後児童クラブや地域福祉との様々な連携を生み出すことで，苦しい状況にある子供たちを早期に把握し，支援につなげる体制を強化する」と宣言していることに目を向ける必要がある。学校を子どもの貧困対策のプラットフォームと位置付けるとともに，多様な機関，団体と連携し，教育支援に当たるという姿勢を見て取ることができる。

わず，全て無償給付となっている[*2]。そのため，私立の小学校，中学校においては，授業料は基本的に有償，教科書費用は無償という変則的な状況が続いていることに留意する必要がある。

他方，学校教育法は，教育基本法の規定を受けて，「経済的理由によつて，就学困難と認められる学齢児童又は学齢生徒の保護者に対しては，市町村は，必要な援助を与えなければならない」とし，市町村に対して就学援助を行うことを法的に義務付けている（19条）。また，生活保護法[*3]や学校保健安全法の中にも就学援助に関わる規定が存在している[*4]。

生活保護法は，①義務教育に伴って必要な教科書その他の学用品，②義務教育に伴って必要な通学用品，③学校給食その他義務教育に伴って必要なものを扶助の対象としている（13条）。これに対して，「就学困難な児童及び生徒に係る就学奨励についての国の援助に関する法律」（就学奨励法）では，学用品又はその購入費，児童・生徒の通学に要する交通費，児童・生徒の修学旅行費が対象となる（２条）。さらに，学校保健安全法によって，「感染性又は学習に支障を生ずるおそれのある疾病で政令で定めるものにかかり，学校において治療の指示を受けたとき」，「その疾病の治療のための医療に要する費用について必要な援助」が行われることになる（24条）。

＊2　「国が全額国庫負担で教科用図書を購入し，設置者に無償で給付し，給付を受けた設置者が児童生徒に給与することとし，国と設置者とが協力して無償措置を円滑に実施しようとする」制度である（「義務教育諸学校の教科用図書の無償措置に関する法律等の施行について」昭和39年２月14日付け文初教第95号）。

＊3　「国が生活に困窮するすべての国民に対し，その困窮の程度に応じ，必要な保護を行い，その最低限度の生活を保障するとともに，その自立を助長すること」を目的とした法律である（１条）。

＊4　就学援助の対象者は，生活保護法上の要保護者及びこれに準ずると市町村教育委員会が判断した者（準要保護者）である。要保護者とは，困窮によって最低限度の生活を営むことが困難な者を意味し，現に保護を受けているか否かを問わず，保護を必要とする状態にある者全てが含まれる（生活保護法６条２項）。これに準ずる者とは，生活保護の廃止または停止を受けた者，市民税等の非課税者等が該当すると考えられている。

就学援助は，その制度の性質上，保護者の申請の有無にかかわらず行うことを原則としている（昭和41年８月16日付け委初７の２）。近年では，福祉行政において，「自己決定」，「選択の自由」が重視される傾向にあり，就学援助の手続に関しても同様の配慮を行う必要性を強調する自治体が一部に存在している。だが，教育を受ける権利の保障という点からは，就学援助の利用を保護者の自由な意思に完全に委ねてしまうことには疑義が残る。保護者の自己決定との対立可能性が存在することに留意した上で，教育的配慮という観点から，就学援助の趣旨や内容，利用手続等を十分説明し，ケース・バイ・ケースで対応していくべきことになろう。

これまで概観してきたように，教育扶助や就学支援制度は，専ら義務教育段階を対象としたものである。だが，「貧困の連鎖を断ち切るための教育機会の保障」という観点からは，高等学校段階以降へのアクセスも重要となる。高等学校レベルについては，2014（平成26）年４月以降，「高等学校等就学支援金制度」[*5]や「高校生等奨学給付金」[*6]によって一定の支援がなされている。しかし，高等教育についてはいまだに貸与型奨学金制度が中心であり，その債務が新たな貧困を生んでいるとの批判も存在している[*7]。

＊5　「授業料に充てるための就学支援金を支給することにより，高等学校等における教育に係る経済的負担の軽減を図り，もって教育の実質的な機会均等に寄与することを目的」とした制度である。文部科学省 HP「高等学校等就学支援金制度」を参照（https://www.mext.go.jp/a_menu/shotou/mushouka/1342674.htm（最終アクセス2023年５月14日））。

＊6　「都道府県が行う高等学校等に係る奨学のための給付金事業に対して，国がその経費の一部を補助することにより，高等学校等における教育に係る経済的負担の軽減を図り，もって教育の機会均等に寄与することを目的」としている。文部科学省 HP「高校生等奨学給付金」を参照（https://www.mext.go.jp/a_menu/shotou/mushouka/1344089.htm（最終アクセス2023年５月14日））。

＊7　「日本学生支援機構によると，2021年度末現在，奨学金を借りている人は約140万人。21年度中に機構の奨学金を返還している人は約464万人。うち延滞している人は約29万人いる」という（朝日新聞2022（令和４）年12月19日付け夕刊）。

3. マイノリティーの教育を受ける権利

(1) 外国籍の子ども

グローバル化の進展が急激に進む中，日本における外国人登録者数は上昇を続けている。出入国在留管理庁の発表[*8]によれば，2022（令和4）年末の在留外国人数は，3,075,213人，前年末に比べ314,578人（11.4％）の増加となっている。

子どもについても例外ではない。文部科学省「令和4年度学校基本調査」によると，2022（令和4）年5月1日現在，日本の小学校に在籍する外国人の子どもは78,173人，中学校に在籍する子どもは30,207人に上る[*9]。それゆえ，日本に暮らす外国人の子どもの教育をどのように考えるかは，国際化の中で避けては通れない課題となっていると言えるだろう。

この点について文部科学省[*10]は，「我が国においては，外国人の子の保護者に対する就学義務はありませんが，公立の義務教育諸学校へ就学を希望する場合には，国際人権規約等も踏まえ，その子を日本人児童生徒と同様に無償で受け入れているところです」とし，「教育委員会においては，学齢の外国人の子が就学の機会を逸することのないよう，外国人の子の就学についての広報・説明を行い，公立の義務教育諸学校への入学が可能であることを案内するとともに，住民基本台帳の情報に基づいて，公立の義務教育諸学校への入学手続等を記載した就学案内を通知

---

*8　出入国在留管理庁「令和4年末現在における在留外国人数について」令和5年3月24日付け報道発表資料。

*9　日本国籍を保有していない子どもの数（日本との二重国籍者や帰化した者を除く）である。その内訳は，小学校では，国立学校103人，公立学校77,179人，私立学校891人，中学校では，国立学校42人，公立学校28,736人，私立学校1,429人であり，公立学校に在籍する子どもの数が圧倒的に多い。

*10　文部科学省 HP「就学事務Q＆A　13. 外国人の子等の就学に関する手続について」（https://www.mext.go.jp/a_menu/shotou/shugaku/detail/1422256.htm（最終アクセス2023年8月12日））。

することが適当」としている[*11]。

だが，毎日新聞が2018（平成30）年に行った調査では，「日本に住民登録し，小中学校の就学年齢にある外国籍の子どもの少なくとも約２割にあたる約16,000人が，学校に通っているか確認できない「就学不明」になっている」とされた[*12]。この報道を受けて，外国籍の子どもの教育を受ける権利，特に初等，前期中等教育へのアクセスに課題が存在していることが判明し，社会的な議論を呼んだことは教育関係者にとってまだ記憶に新しいところである。

外国籍の子どもの就学が十分に保障されていないという状況は，その後も抜本的な解決は図られていない。文部科学省の調査[*13]によれば，2022（令和４）年５月１日を基準日とした場合，小学生相当の年齢の外国籍の子どもで4,348人（4.5％），中学生相当の年齢の外国籍の子どもで2,327人（5.8％）について，就学状況の把握すらできていない状況にあるとされる[*14]。就学状況の把握は，就学機会を保障する前提条件であり，人道上の問題として100％の把握に向けて更なる努力が求められるところである。

しかし，外国籍の子どもの教育を受ける権利を憲法上の問題として捉えた場合はどうだろうか。

教育学の分野では，人権の“普遍性”という「公理」を論拠とし，「内外人平等」という考え方が一定の地歩を築いている。日本国憲法，

＊11　ただし，日本国籍を有する者とは異なり，「関係行政機関との連携も図りつつ，学校教育法第１条に定める学校のみならず，外国人学校等も含めた就学状況を把握したり，保護者からの相談に応じるなど，継続して就学の機会の確保に努めることが適当」とする配慮を示している。

＊12　毎日新聞2019（平成31）年１月７日朝刊。アンケートは，2018（平成30）年９～11月，義務教育を受ける年齢の外国籍の子どもが多い上位100市区町を対象に実施。

＊13　外国人の子供の就学状況等調査結果の概要（令和５年４月）参照。

＊14　就学案内の送付，家庭訪問，電話等により就学状況の確認を試みたが，不在や連絡不通により就学状況の確認ができなかった者の数。ただし，教育委員会が就学状況の確認を試みていない者を含まない。

あるいは児童の権利条約（子どもの権利条約）等に基づき，日本国籍を有する子どもと同様，保護者の選択に基づきそのアイデンティティーに配慮した教育を受ける権利を保障すべきとする，「マイノリティーの教育権」説である。

外国人のアイデンティティーに配慮した教育を受ける権利が争われた事案として，在日外国人教育事業訴訟（大阪地方裁判所判決平成20年１月23日）がある[*15]。原告は，国際人権規約（自由権規約27条，社会権規約13条），児童の権利条約30条，日本国憲法26条１項，旧教育基本法３条１項等を根拠にマイノリティーの教育権が存在することを主張した。これに対して判決は，自由権規約27条，児童の権利条約30条に関しては，締約国に対して「権利を侵害しない義務を課したもの」であるとし，それを超えて，「国家による積極的な保護措置を講ずべき義務まで認めたものとは解しがたい」とした。そして，社会権規約13条については，「締約国がこの権利の実現に向けて積極的に政策を推進すべき政治的責任を負うことを宣明したものであって，個人に対し即時に具体的権利を付与すべきことを定めたものではない」とした。日本国憲法26条１項，旧教育基本法３条１項は，国が国民の教育を受ける権利が現実に保障されるよう教育制度を維持し，教育条件を整備すべき法的義務を負うことをもって，「直ちに原告子どもらの主張するようなマイノリティとしての教育を受ける権利までを想定して規定しているとはいえず」，そもそもこれら規定は「国の責務について，いずれも理念を掲げるにすぎず，これらの規定が，原告子どもらが主張するようなマイノリティの教育権という具体的な権利を直接保障していると認めることも困難である」とし，最終的に原告の主張を全て退けている。

＊15　本件に関する評釈としては，長谷川俊明「外国籍の生徒らの「マイノリティの教育権」に具体的権利性はないとした事例」『国際商事法務』36巻11号（2008年）1418頁，元百合子「民族的・言語的マイノリティに属す子どもたちの学習権の確保―高槻マイノリティ教育権訴訟」『国際人権』19号（2008年）150頁等がある。

教育を受ける権利には，私人が自己の価値観に基づいて子どもの教育に当たることを内容とする自由権的側面と，その遂行に関して，学校教育等，国家の援助を求めることを内容とする社会権的側面がある。在日外国人教育事業訴訟判決は，外国人が自らのアイデンティティーに基づいて子どもの教育を行うよう国家に対して要求する権利，すなわち教育を受ける権利の社会権的側面を否定したことになる。

判決に対しては，多文化共生に逆行するという批判が少なくない。しかし，アイデンティティーに配慮した「内外人平等」原則の貫徹は，日本国憲法や共通の言語，文化といった日本社会が前提とする諸価値に立脚した社会の凝集性を損なう危険を内包している。オルデンキスト（Oldenquist, A）の指摘をまつまでもなく，共同体が特定の価値を次世代に伝達し得ないとするならば，それは“社会の自殺”を意味する[*16]。だとするならば，少なくとも日本社会が前提とする諸価値と矛盾する内容をアイデンティティーとする外国人に対しては，援助の義務は存在しないとすることにも十分論拠が存在することになろう。

では，国家による干渉の否定を中核とする教育を受ける権利の自由権的側面に関しては，どのように考えるべきなのであろうか。この点については，アメリカ合衆国において既に司法の場で争われている。排外思想が活性化した時期に，母語による教育を行うことを目的とした補習学校への通学を法令で規制することの可否を巡る訴訟である（Farrington v. Tokushige, 273 U.S. 284（1927））[*17]。アメリカ合衆国最高裁判所は，子どもに対する親の教育権をコモンローに属する前国家的な自然的権利の一つとして位置付け，明文の規定が存在しないにもかかわらず，憲法

＊16　See, e.g., A. Oldenquist, “Indoctrination” and Societal Suicide, *The Public Interest*. p63, 1981.

＊17　問題となったハワイ準州の法令は，形式上は全ての補習学校を規制する内容であったが，対象となる学校の圧倒的多数を日系人向けの学校が占めており，事実上，日本語教育の否定を意味していたといわれる。

上の保護を受けると判示している。マイノリティーの教育を受ける権利の自由権的側面が，親の教育権一般に含まれるものとして法的保護に値する権利として確立したものと見ることができる。

(2) LGBT

LGBTとは，レズビアン（Lesbian），ゲイ（Gay），バイセクシャル（Bisexual），トランスジェンダー（Transgender）の頭文字を集めたものであり，性的マイノリティー一般の総称である。専ら性的な指向を意味するLGB（レズビアン，ゲイ，バイセクシャル）と，性同一性障害等，性的な自己認識を内容とするT（トランスジェンダー）を同一平面で扱う点に特徴が存在している*18。近年，LGBTに対する関心が高まり，マスメディアが特集を組み，厚生労働省はセクシュアルハラスメントのガイドラインをLGBTに対応させようとしている。学校現場も例外ではない。教職員はもとより，児童・生徒のLGBT対応まで，平等という観点から考えるべき課題は多い。

この問題と関わって，文部科学省は，2015（平成27）年4月，「性同一性障害に係る児童生徒に対するきめ細かな対応の実施等について」（平成27年4月30日付け27文科初児生第3号）と題する通知を発出している。この通知では，「学校生活を送る上で特有の支援が必要な場合がある」として，「個別の事案に応じ，児童生徒の心情等に配慮した対応を行うこと」が求められている。通知は，本来，その名称が示すとおり「性同一性障害」に焦点を当てたものである。だが，性的マイノリティーに対しても言及が存在し，事実上，学校現場におけるLGBT全般を考える指針として機能している点に注意を要する。

では，具体的には，どのような支援が想定されるのだろうか。申し出に応じた制服の着用や髪型，トイレや更衣室に対する配慮等が真っ先に

---

*18　近年，さらに概念を拡大したLGBTQという用語も一般化しつつある。LGBTにクィア（Queer）あるいはクエスチョニング（Questioning）を加えたものである。

思い浮かぶ。しかし，通知が指摘するとおり，その支援は，「当該児童生徒が有する違和感の強弱等に応じ様々であり，また，当該違和感は成長に従い減ずることも含め変動があり得るものとされていることから，学校として先入観をもたず，その時々の児童生徒の状況等に応じた支援を行うことが必要である」。

また，2022（令和４）年12月に公表された改訂版の生徒指導提要（新生徒指導提要）にも目を向ける必要がある。新生徒指導提要は，「性同一性障害に係る児童生徒については，学校生活を送る上で特別の支援が必要な場合があることから，個別の事案に応じ，児童生徒の心情等に配慮した対応を行うことが求められ」るとした上で，「生物学的な性と性別に関する自己意識（以下「性自認」という。）と「性的指向」は異なるものであり，対応に当たって混同しないことが必要」と指摘している。先に触れた文部科学省通知「性同一性障害に係る児童生徒に対するきめ細かな対応の実施等について」を一歩進め，性同一性障害に囚われることなく，LGBT 等，より広範な概念への拡張が指向されていることに留意する必要がある。

したがって，その支援は，他の児童・生徒への配慮との均衡を考慮しつつ，ケース・バイ・ケースで行われるべきことになる。それゆえに，周囲の児童・生徒，その保護者の理解が不可欠と言える。だが，それが得られない場合，両者の板挟みとなった教員，学校設置者が対応に苦慮する状況にあることを見逃してはならないだろう。

ただ，LGBT への対応については，いまだ確立した国際基準等が存在しているわけではない。そのため，程度の差こそあれ，各国で混乱が生じている。例えば，アメリカ合衆国では，2016年，トランスジェンダーのトイレ使用を巡って，訴訟合戦が発生している。

事の発端は，ノースカロライナ州が制定した法律，公共施設におけるプライバシーと安全に関する法律（Public Facilities Privacy and Security Act）である。HB 2法などと称されるこの法律は，トランスジェンダーのトイレ使用に関して，公共施設では，本人の性的な認識ではなく，出生証明書記載の性別に従うよう求めた。一般市民のプライバシー保護と安全の確保を理由とした規制であるとされる。

オバマ政権下の連邦政府は，HB 2法はトランスジェンダーに対する性的差別に該当するとして，公民権法違反を理由とする差し止め訴訟を提起した。他方，ノースカロライナ州知事は，「常識（common sense）」という言葉を用いて，プライバシーと平等の調整問題であると反論している。

公立学校に関わって，オバマ大統領（当時）は，トランスジェンダーが，自己の性的認識に従って，トイレ等の施設を利用できるようにすべきとの所感を表明している。この所感を受けて，司法省と教育省は，訴訟提起と連邦補助金を失うリスクを示しつつ，児童・生徒の性的認識を尊重すべきことを促す解釈基準を共同で発表した。

だが，トランスジェンダーを巡るアメリカ社会の対立は，バイデン政権下でも続いている。近年，「米国の各地で，トランスジェンダーを対象とした法規制が進んでいる」とされ，「権利擁護を求める声の一方で，共和党が掌握する保守的な州で締め付けが目立ち，かつての同性婚と似た政治的対立軸となりつつある」という指摘が存在することに注意を払う必要がある[*19]。

では，日本社会はどうだろうか。トイレの使用に関して，先に触れた文部科学省通知は，別紙「性同一性障害に係る児童生徒に対する学校における支援の事例」において，「職員トイレ・多目的トイレの利用を認める」ことを挙げている。この程度にとどまるのであれば，教職員と児童・生徒の理解がある限り，大きな問題に発展する可能性は少ない。し

＊19　朝日新聞 2021（令和3）年7月10日。

かし，特別の配慮，支援を超えて，それを「一般的な環境」にまで転化しようとするとき，日本においてもアメリカのように社会的な動揺を引き起こす可能性は否定できないだろう。

参考文献

長谷部恭男『憲法　第８版』（新世社，2022）
戸松秀典『平等原則と司法審査』（有斐閣，1990）
内野正幸『表現・教育・宗教と人権』（弘文堂，2010）

演習問題

以下の文章について，妥当なものには○，妥当でないものには×を付し，×を付けたものについては簡単にその理由を記載せよ（条文や裁判例を挙げるのでもよい)。

1．教育基本法は，「すべて国民は，ひとしく，その能力に応じた教育を受ける機会を与えられなければならず，人種，信条，性別，社会的身分，経済的地位又は門地によって，教育上差別されない」旨を定めている。

理由：＿＿＿＿＿＿＿＿＿＿＿＿＿＿＿＿＿＿＿＿＿＿＿＿＿＿＿＿

＿＿＿＿＿＿＿＿＿＿＿＿＿＿＿＿＿＿＿＿＿＿＿＿＿＿＿＿

2．日本国憲法は，「義務教育は，これを無償とする」と規定しているが，ここでいう無償とは，授業料と教科書費用の無償に加えて，学用品その他の教育に必要な一切の費用を無償とする意味である。

理由：＿＿＿＿＿＿＿＿＿＿＿＿＿＿＿＿＿＿＿＿＿＿＿＿＿＿＿＿＿

＿＿＿＿＿＿＿＿＿＿＿＿＿＿＿＿＿＿＿＿＿＿＿＿＿＿＿＿＿

3．文部科学省「性同一性障害に係る児童生徒に対するきめ細かな対応の実施等について」（平成27年４月30日付け27文科初児生第３号）に基づき，学校は，性同一性障害の児童・生徒に対し，制服の着用や髪型，トイレや更衣室に対する配慮を必ず行わなければならない。

理由：＿＿＿＿＿＿＿＿＿＿＿＿＿＿＿＿＿＿＿＿＿＿＿＿＿＿＿＿＿

＿＿＿＿＿＿＿＿＿＿＿＿＿＿＿＿＿＿＿＿＿＿＿＿＿＿＿＿＿

4．就学援助の対象となる準要保護者とは，生活保護法上の要保護者及びこれに準ずると市町村教育委員会が判断した者を言う。

理由：＿＿＿＿＿＿＿＿＿＿＿＿＿＿＿＿＿＿＿＿＿＿＿＿＿＿＿＿＿

＿＿＿＿＿＿＿＿＿＿＿＿＿＿＿＿＿＿＿＿＿＿＿＿＿＿＿＿＿

5．在日外国人教育事業訴訟（大阪地方裁判所判決平成20年１月23日）では，マイノリティーの教育権の存在が容認され，自由権規約，児童の権利条約等に依拠し，「国家による積極的な保護措置を講ずべき義務」が認められた。

理由：＿＿＿＿＿＿＿＿＿＿＿＿＿＿＿＿＿＿＿＿＿＿＿＿＿＿＿＿＿

＿＿＿＿＿＿＿＿＿＿＿＿＿＿＿＿＿＿＿＿＿＿＿＿＿＿＿＿＿

5　学校教育と信教の自由・政教分離

坂田　仰

《目標＆ポイント》 20世紀の終わりごろから，フランスやベルギー等のヨーロッパ諸国では，例えばイスラム女性のヒジャーブ（ベール）の着用等，公立学校に象徴される公共圏における宗教的シンボルの「可視化」が問題となっている。本章では，主として公立学校を舞台とする学校教育と宗教の関係について論じる。日本国憲法が規定する政教分離が公立学校にどのように適用されるべきかという点を中心に，裁判例に着目しつつ分析を進めることにする。

《キーワード》 信教の自由，政教分離，教育基本法，剣道拒否訴訟，日曜参観欠席訴訟

2008（平成20）年３月に告示された中学校学習指導要領（平成20年文部科学省告示第28号）以降，中学校の保健体育において，武道・ダンスが必修となった。2017（平成29）年３月に告示された中学校学習指導要領（平成29年文部科学省告示第64号）によれば，武道の指導について，「技ができる楽しさや喜びを味わい，武道の特性や成り立ち，伝統的な考え方，技の名称や行い方，その運動に関連して高まる体力などを理解するとともに，基本動作や基本となる技を用いて簡易な攻防を展開すること」等としている。だが，武道の必修化については，エホバの証人等，絶対平和を教義とする宗教を信奉する生徒に対して信仰に反する行為を強いることになり，信教の自由と衝突する可能性があるという疑義も存在している。

1. 信教の自由

日本国憲法は，個人の信教の自由に関して，「何人に対してもこれを保障」（20条１項）するとともに，「宗教上の行為，祝典，儀式又は行事に参加することを強制されない」（20条２項）旨を規定している[*1]。他方，教育基本法は，「宗教に関する寛容の態度，宗教に関する一般的な教養及び宗教の社会生活における地位は，教育上尊重されなければならない」（15条１項）とし，教育における宗教の尊重を求めている。

信教の自由には，信仰の自由，宗教的儀式の自由，宗教的結社の自由，布教活動の自由という４つの関連する自由が含まれていると考えられている。まず信仰の自由は，特定の宗教を信じ，又はそれを信じない自由を意味し，信教の自由の中核を構成する。信仰の自由は，個人の内心に関するものであり，思想・良心の自由とオーバーラップする絶対無制約の自由であると解されている。どのような教義を奉じる信仰であったとしても，それが個人の内心にとどまる限り，他者に対して害悪が及ぶ恐れがないからである。

また，信仰の自由は，国家が信仰に関する調査を行うことを禁止する一方，個人に対しては自己の信仰についての回答を拒否する権利，すなわち沈黙の自由を保障していると一般に理解されている。したがって，公立学校の教員が児童・生徒の信仰について調査することは憲法違反とされる可能性が高い。同様に，カルト的な信仰を有する児童・生徒に対して学校側が行う就学拒絶等も，この点から憲法上の疑義が存在することになる。

第二の宗教的儀式を行う自由には，自己の信仰する宗教に関する儀式を行う自由やこれに参加する自由と，特定の儀式への参加を拒否する自由が含まれる。ただし，宗教的儀式が外部に向かって表象される場合，

＊1　付言すれば，児童の権利条約も「締約国は，思想，良心及び宗教の自由についての児童の権利を尊重する」としている（14条１項）。

市民社会の法秩序に反する行為となったり，他者の権利と衝突する場合，儀式を行う自由は，公共の福祉に基づく必要最小限度の制約に服することになる。例えば，校内において祈りを捧げたいという希望を児童・生徒が有している場合，学校側の対応によっては宗教的儀式を行う自由との関係で問題が生じる可能性がある。特に公立学校の場合，後述する政教分離との関係もあり，複雑な様相を呈することになる。

第三の自由である宗教的結社の自由は，同一の信仰を有する人々が集まり，宗教団体を結成する自由である[*2]。学校教育との関係では，例えば，特定の宗教の研究を目的とするクラブの結成が認められるかという点が，学校経営上の争点を形成することがある。

第四の布教活動の自由は，信仰を広め，他者を勧誘する自由である。宗教的表現活動として表現の自由（日本国憲法21条１項）とオーバーラップすることになる。それゆえ，宗教的儀式を行う自由と同様，布教の自由についても，勧誘のために監禁まがいの行為に出る等，法秩序に抵触するような場合には，当然，公共の福祉に基づく制約が働くことになる。学校教育との関係では，児童・生徒が学内で行う勧誘活動への対応が問題となろう。

2. 政教分離

日本国憲法は，「いかなる宗教団体も，国から特権を受け，又は政治

*2　なお，日本国憲法の規定を受けて宗教法人法が制定されている。同法は，「宗教団体が，礼拝の施設その他の財産を所有し，これを維持運用し，その他その目的達成のための業務及び事業を運営することに資するため，宗教団体に法律上の能力を与えることを目的」とした法律である（１条１項）。同法の下，一定の要件を満たす場合には法人としての資格が付与される（４条１項）。法人とは，自然人（権利義務の主体となりうる個人［人間］）以外のもので法律上権利義務の主体となることが認められているものを指す。例えば，私立学校法上，私立学校は，学校法人という法人が設置主体である旨が示されている（２条３項）。

上の権力を行使してはならない」（20条１項後段）とする一方，「国及びその機関は，宗教教育その他いかなる宗教的活動もしてはならない」（20条３項）と規定している。さらに，「公金その他の公の財産は，宗教上の組織若しくは団体の使用，便益若しくは維持のため……これを支出し，又はその利用に供してはならない」（89条）とし，財政面から政治と宗教の関わりを断とうとしている。教育基本法も同様のスタンスをとっており，「国及び地方公共団体が設置する学校は，特定の宗教のための宗教教育その他宗教的活動をしてはならない」と規定し，国公立学校に対して「政教分離」を徹底することを求めている（15条２項）。

政治と宗教の関係をどう捉えるかは，いつの時代，どの国家においても大きな問題と言ってよい。その在り方には大別して３つの類型が存在している。第一の類型は，国教が存在しそのトップを国家元首が兼任するタイプである。イギリスがその典型にあたる。第二の類型は，主要宗教と国家が互いに独立しつつ，協約を結ぶなどし，共存を目指すタイプである。イタリアがその代表例である。そして第三が，政治と宗教の間に可能な限り距離を置こうとするタイプである。アメリカやフランスがその典型とされている。

日本国憲法や教育基本法を見る限り，日本は明らかに政教分離を厳格に貫こうとしており，第三類型に属していると考えられる。政教分離は，政治と宗教の関わり合いを制度的に分離し，間接的に国民の信教の自由を保障しようとする制度として理解されている。しかし，その分離の程度については必ずしも明確ではない。国家はあらゆる側面で宗教との関わり合いを可能な限り回避すべきであるとする厳格な分離説と，国民の多数が宗教的意義を持つと考える行為に限って関わりを持つことが禁止されるとする緩やかな分離説が併存している。

この点，最高裁判所は，リーディングケースである津市地鎮祭訴訟において緩やかな分離説に与することを明らかにしている（最高裁判所大法廷判決昭和52年７月13日）。判決によれば，国家の行為の中で，その「目的が宗教的意義をもち，その効果が宗教に対する援助，助長，促進又は圧迫，干渉等になるような行為」のみが「相当とされる限度」を超え，政教分離違反になる可能性が高いとされている（目的効果基準[*3]）。

学校教育に引き寄せるならば，七夕飾りやクリスマスツリー，遠足や修学旅行における神社仏閣の見学等の扱いが問題となる。七夕飾りやクリスマスツリーは，歴史的には宗教的起源を有するものであるとはいえ，日本社会においては宗教的意義が極めて希薄になっている。このような習俗的行動については，公立学校においても行うことができると考えてよい[*4]。また，遠足や修学旅行における神社仏閣の見学については，日本の文化や歴史を学ぶ機会と捉えれば許容可能となろう[*5]。

3. 公立学校における信教の自由――剣道拒否訴訟

学校現場において，信仰上の理由に基づき武道を履修しないことの可否が争われた事案として，神戸市立工業高等専門学校剣道拒否事件がある。同校の校長は，複数年度にわたって，体育の剣道実技の履修を拒絶したエホバの証人の信者である生徒について，体育の単位を認定せず，２年連続原級留置とし，さらに２年目は連続原級留置となったことを理

＊3　目的効果基準は，アメリカ合衆国最高裁判所が1971年に下したLemon v. Kurtzman（403 U.S.602（1971））と類似しているといわれる。しかし，その文言の類似性とは異なり，日本の最高裁判所は，アメリカ合衆国最高裁判所と比較して，基準の具体的な事件への適用に際して緩やかな態度を示している。

＊4　愛媛玉串料訴訟最高裁判所判決補足意見において，高橋久子裁判官は，「クリスマスツリーや門松のように習俗的行事化していることがだれの目にも明らか」としている（最高裁判所大法廷判決平成９年４月２日）。

＊5　ただし，参加者全員で参拝する等，教員の指導の下，宗教的行為が行われる場合は，「国及びその機関は，宗教教育その他いかなる宗教的活動もしてはならない」とする，日本国憲法20条３項違反となる可能性が高い。

由に退学処分とした。これに対して生徒側は，信教上の信条に反するために参加できない剣道実技の履修を強制し，何らの代替措置を取ることなく，欠課扱いとし，単位を認定せず，原級留置ひいては退学処分としたことは，信教の自由を侵害するとした。そして，校長が下した原級留置，退学処分は，信条による不当な差別を禁じて教育の機会均等をうたった旧教育基本法３条，９条１項，憲法14条に違反し，教育を受ける権利や学習権を侵害するものであり，違憲・違法であるとして，処分の取消しを求める訴訟を提起した。

原級留置の可否が対象となった一審判決では，生徒の内心の自由である信仰心が問題となっているのではなく，学校という一つの社会において，宗教的信条に基づく行為と，他者の行為との調整が問題とされているのであり，宗教的信条に基づく行為の自由も，社会生活上，その権利に内在する制約を免れない等として，学校側の判断が支持された（神戸地方裁判所判決平成５年２月22日）。これに対し，原級留置から退学に至る一連の判断が問題となった控訴審判決は，剣道実技の履修を拒否したことのみを理由とする原級留置処分，退学処分は，裁量権を逸脱するものであるとし，原級留置や退学処分を支持した原判決を全て取り消している（大阪高等裁判所判決平成６年12月22日）。

上告を受けた最高裁判所は，原級留置処分や退学処分を行うか否かの判断は，基本的には校長の合理的な教育的裁量に委ねられるべきものであるとする。しかし，本件原級留置処分並びに退学処分は，校長が有する裁量を逸脱・濫用したものであるとして，その取消しを命じる判決を下した（最高裁判所第二小法廷判決平成８年３月８日）。

判決を下すに当たって，最高裁判所は，高等専門学校における剣道実技の位置付けと，生徒の履修拒否が信仰上どの程度の重みを有しているかを比較衡量するという手法を採用している。その上で，判決は，高等専門学校においては，剣道実技の履修が必須のものとまでは言えず，他の種目を履修するなどの代替的方法によってこれを補うことも性質上十分可能であるのに対し，生徒が剣道実技への参加を拒否する理由は，信仰の核心部分と密接に関連する真摯なものであると判断した。

確かに，２度にわたる原級留置処分も退学処分も，内容それ自体において，信仰上の教義に反する行動を命じたものではない。その意味においては，信教の自由を直接的に制約するものとは言えないであろう。しかし，判決が正当に指摘するように，処分を回避するためには，剣道実技を履修するという自己の信仰上の教義に反する行動をとることを余儀なくされることになる。そうすると，「信仰上の理由による剣道実技の履修拒否を，正当な理由のない履修拒否と区別することなく，代替措置が不可能というわけでもないのに，代替措置について何ら検討することもなく，体育科目を不認定とした担当教員らの評価を受けて，原級留置処分をし，さらに，不認定の主たる理由及び全体成績について勘案することなく，二年続けて原級留置となったため進級等規程及び退学内規に従って学則にいう「学力劣等で成業の見込みがないと認められる者」に当たるとし，退学処分をしたという〔校長〕の措置は，考慮すべき事項を考慮しておらず，又は考慮された事実に対する評価が明白に合理性を欠き，その結果，社会観念上著しく妥当を欠く処分をしたものと評するほかはなく，本件各処分は，裁量権の範囲を超える違法なもの」と判断せざるを得ないのではないか。

4. 公立学校における政教分離――日曜参観欠席訴訟

公立学校における政教分離の在り方が児童の信教の自由との関係で問われた事案としては，日曜参観欠席訴訟を挙げることができる（東京地方裁判所判決昭和61年３月20日)。数年来，日曜日に参観授業と保護者懇談会を恒常的に実施してきた公立小学校において，２人の児童が信仰する宗教の教会学校に出席するためにこれを欠席した。そのため，小学校長は，児童らの指導要録に同日の欠席を記録した。これに対して児童，保護者らは，校長の欠席記載が憲法20条１項及び旧教育基本法７条，９条に違反するとして，指導要録上の欠席記載の取消し及び記載措置により被った精神的苦痛に対する損害賠償の支払いを求める訴訟を提起した。

訴訟において原告は，親の子に対する宗教教育の自由，子どもが親をはじめとする社会から宗教教育を受ける自由など，広く宗教教育一般の自由を有すると主張し，校長がとった欠席扱いの措置は，この自由を侵害するものであるとしている。だが，この主張を受け容れた場合，原告が信仰する宗教を公立学校が優遇することになり，政教分離に違反するのではないかという疑義が逆に浮上することになる。原告が有する宗教的価値理念に基づく家庭教育の実施あるいはそれを受ける権利と，公立学校における政教分離という日本国憲法が掲げる理念の衝突を見て取ることができる。

これに対し判決は，まず，参観授業を日曜日に実施することは，「公教育として学校教育上十分な意義を有するものであり」，「校長の学校管理運営上の裁量権の範囲内である」とし，不法行為を構成する違法があるとすれば，被告である校長が「裁量権の範囲を逸脱し，濫用した場合に限られる」とする。そして，「宗教教団がその宗教的活動として宗教教育の場を設け，集会……をもつことは憲法に保障された自由であり，そのこと自体は国民の自由として公教育上も尊重されるべきことはいうまでもない。しかし，公教育をし，これを受けさせることもまた憲法が国家及び国民に対して要請するところ」としている。

その上で，原告の主張に対する具体的な検討に入り，宗教行為に参加する児童に対して授業への出席を免除することは，宗教，宗派ごとに「重複・競合の日数が異なるところから，結果的に，宗教上の理由によつて個々の児童の授業日数に差異を生じることを容認することになつて，公教育の宗教的中立性を保つ上で好ましいことではない」だけではなく，「公教育が集団的教育として挙げるはずの成果をも損なうことにならざるをえず，公教育が失うところは少なくない」とする。そして，「公教育上の特別の必要性がある授業日の振替えの範囲内では，宗教教団の集会と抵触することになつたとしても，法はこれを合理的根拠に基づくやむをえない制約として容認しているものと解すべき」と判示している。

本事案において東京地方裁判所判決は，比較衡量的手法を採用している。原告側が信教の自由を貫こうとする場合，被る不利益は指導要録に１日の欠席の記載がなされ，それが20年間保存されるという軽微なものに過ぎない（学校教育法施行規則28条２項（判決時は15条２項））[*6]。一方，日曜参観には教育上合理的な理由が存在する。また，目的効果基準に照らした場合，その世俗目的性が肯定されるばかりか，特定の宗教を援助・助長しあるいは逆に圧迫・抑圧するという効果も有していない。したがって，政治活動も宗教活動もともに社会の利益に奉仕する存在として捉え，宗教活動が社会一般の利益を促進している限り，宗教に対する援助義務が国家に対して課せられるとする極端な立場を採用するのでなければ，最終的に判旨妥当との結論に達することになるであろう。

5．宗教と習俗的行動の狭間

なお，近年，宗教と習俗的行動の境界線が微妙に変化しているかに映る。その典型が久米至聖廟訴訟である（最高裁判所大法廷判決令和３年２月24日）。沖縄県那覇市が，管理する公園内に儒教の祖である孔子等

*6　この点が，信教の自由を貫き通すことによって生徒としての身分を失うという極めて大きな不利益を受ける剣道拒否訴訟との差異である。

を祀った久米至聖廟（孔子廟）を設置することを許可した上で，その敷地の使用料の全額を免除した行為が，憲法の定める政教分離原則に違反し，無効であり，使用料を請求しないことが違法に財産管理を怠るものであるとして違法確認を求めた，いわゆる住民訴訟である。

周知のように，孔子を始祖とする儒教は，ある種の思考・信仰の体系である。しかし，儒教が宗教であるかどうかについては争いが存在している[*7]。日本においては，江戸時代以降，専ら宗教ではなく，道徳に属するものとする考え方が有力であった。孔子廟は，その延長線上に位置する施設として，孔子の業績を称え，顕彰する施設として扱われてきた。那覇市は，その観光資源等としての意義に着目し，又はかつて琉球王国の繁栄を支えた久米三十六姓が居住し，当初の至聖廟等があった久米地域に施設が所在すること等をもって歴史的価値が認められるとして，使用料の支払いを免除していたとされる。

しかし，久米至聖廟の設置者は，宗教的意義を有する釋奠祭禮の挙行等を定款上の目的または事業として掲げ，実際に施設において，多くの参拝者を受け入れ，釋奠祭禮を挙行してきたという。最高裁判所判決は，この点に着目し，「活動の内容や位置付け等を考慮すると，本件免除は，参加人に上記利益を享受させることにより，参加人が本件施設を利用した宗教的活動を行うことを容易にするものであるということができ，その効果が間接的，付随的なものにとどまるとはいえない」とする。そして，「社会通念に照らして総合的に判断すると，本件免除は，市と宗教との関わり合いが，我が国の社会的，文化的諸条件に照らし，信教の自由の保障の確保という制度の根本目的との関係で相当とされる限度を超えるものとして，憲法20条３項の禁止する宗教的活動に該当すると解するのが相当である」とした。

久米至聖廟判決は，歴史的経緯等からこれまで曖昧にされてきた宗教

＊7　この点については，詳しくは，宮川尚志「儒教の宗教的性格」『宗教研究』180号（38巻１輯）1965年等を参照。

と習俗的行動の境界線について，宗教に軸足を置いて拡張したものと考えることが可能である。この拡張は，当然，他の領域にも影響を与えることになる。その典型ともいえるのが，沖縄県下の公立学校に散在する「拝所（うがんじゅ）」の問題である。

拝所とは神を拝む場所，神がたどり着いた場所を指す。沖縄県下で古くから続く文化，習俗として，集落や家々ごとに拝所が受け継がれている。その一部は公立学校の敷地内にも設置されている。その設置を認めることが，政教分離規定に抵触するのではないかという疑問である。

この点について旧文部省は，拝所は宗教施設に該当しないとしてきた[*8]。しかし，久米至聖廟訴訟最高裁判所判決の論理に従うならば，拝所において行われていることはまさに宗教活動であり，そのために公立学校の敷地を提供することは憲法20条３項の禁止する宗教的活動に該当すると解するべきではないだろうか。

6. 共和主義的公立学校観

では，公立学校における政教分離はどのように理解すべきなのだろうか。共和主義的公立学校観に依拠し，考えてみることにしたい。

学校教育，特に義務教育諸学校は，公立，私立の区別を問わず，国家による統制を受ける限りにおいて，当該国家が掲げる価値理念を維持，存続させる役割を担う（共和主義的学校観）[*9]。仮に価値選択の共同体としての国家が，次代を担う子どもに自らが依拠する価値の伝承を行うことができないとしたならば，オルデンキスト（Oldenquist, A）の指摘をまつまでもなく，共同体それ自体の存続が危うくなることは自明の

＊8　沖縄大百科事典刊行事務局編『沖縄大百科事典　下巻』沖縄タイムス社（1983年）参照。
＊9　例えば，フランス革命の後，共和派は，旧勢力と関係の深いカトリック教会およびその影響を受けている親の教育権を減衰あるいは排除し，公教育というシステムの国家統制を通じて革命の理念の定着を目指したといわれる。

理である[*10]。それゆえに，日本の学校教育も当然国家的価値の伝承という役割が期待されている。旧教育基本法は，その前文において民主的で文化的な国家を建設するという「理想の実現は，根本において教育の力にまつべきものである」とし，この点を明確にしていた。

学校教育における政教分離を共和主義的な視点から捉えるとき，個人の信教の自由を支えるという理解にとどまらず，新たな公立学校観が浮かび上がってくる。大日本帝国憲法の下，宗教的色彩を有していた公立学校を世俗的空間に組み替え，日本国憲法が前提とする近代市民社会の担い手たる個人を養成する場へと変貌させようとする理解である。戦前の学校教育，特に公立学校が，事実上準国教的性格を与えられていた神社神道の影響を受け，日本社会を非合理的な集団主義的体制へと駆り立てたことは周知の事実である。その反省に立ち，公立学校を世俗的空間にとどめておくこと自体に政教分離の目的の一部があると解釈する余地も存在するのではないだろうか。

だとするならば，たとえ個人の信仰の自由と衝突したとしても，公立学校から徹底して宗教色を排除し，日本国憲法の理念を貫き通すという立場をとることにも一定の妥当性が存在することになる。この立場に与すれば，剣道拒否事件に対する最高裁判所の判断は，妥当性に欠けると考えることもできないわけではない。

公立学校において個人の信教の自由を保障することを目指しつつ，共和主義的学校観に基づく政教分離を損なわないというやっかいな問題に対する解は，神社神道とその他の宗教を区別する「二重の基準」を導入することであろう。神社神道が過去において日本社会で果たした役割ゆえに，神社神道についてのみ，他の宗教とは異なった位置付けがなされ厳格な分離が適用されることになる。

この「二重の基準」に対しては，神社神道を信仰する児童・生徒だけ

＊10　See e.g., A. Oldenquist, "Indoctrination" and Societal Suicide, *The Public Interest*, p.63, 1981.

をその信仰を理由として差別しているという反論が当然予想される。しかし，文脈を異にしてはいるが，ドイツにおけるハーケンクロイツ等の使用制限が一つの考え方を提示してくれる。ドイツは，ナチスドイツのシンボルであったハーケンクロイツに対して，戦前の反省に基づいて他のシンボルとは区別し，その使用を制限している。そこには，「自由の敵には自由を与えない」とするドイツ憲法が採用する「戦う民主主義」という別のファクターが介在している。しかし，公教育が不可避的に有している，憲法の理念を次の世代に伝えていくための装置としての側面，すなわち憲法保障機能に着目するとしたならば，日本国憲法自体が「戦う民主主義」を採用しているか否かに関係なく，公教育における「戦う民主主義」が成立する余地は十分に存在しているといえるだろう。

なお，近年，政教分離，共和主義的学校観と関わって，イスラム教徒の女性が着用する衣装（ブルカ，チャドル，ヒジャーブ等）を，公共の場で用いることを禁止する法令を制定することの可否が，フランス，ベルギーなどで社会問題化している。公共空間におけるイスラム教の「可視化」を巡る対立である[*11]。特に，厳格な政教分離を貫くフランスでは，2011年４月，いわゆるブルカ禁止法が発効し，学校等においてブルカを着用することが罰則付きで禁止されることになり，物議を醸した。

旧植民地であったイスラム教圏のアルジェリアとの関係もあり，フランス国内には数多くのイスラム教徒が居住している。既に1980年代後半には，イスラム教徒の戒律に従ってヒジャーブをつけて公立学校に登校した女生徒が，政教分離規定に違反するとして退学処分になる事件が発生し，世論を二分する論争が巻き起こっている。その際，文部大臣の諮問を受けたコンセイユ・デタ（国務院）は，一般論として，公立学校における教育プログラムと教員の宗教的中立性を求めつつ，他方で，他人の自由を侵害せず，かつ教育上の義務に違反しない限りにおいて，生徒

＊11　公共空間における「イスラム教的精神の可視化」については，梶田孝道『新しい民族問題』中央公論社（1993年）を参照。

に対して宗教的意見を表明する自由を認めるべきという見解を示した。その上で，ヒジャーブの着用がこの範囲を逸脱するか否かについては，裁量の問題として公立学校側に問題を投げ返している[*12]。ブルカ禁止法は，その第二ラウンドと言っても過言ではない。

日本社会の国際化に伴い，日本の学校においてもヒジャーブ等を着用する児童・生徒が徐々に増加し，イスラム教の可視化が少しずつ進行している。幸いなことに，フランス等[*13]のような反応は今のところ生じていない。だが，フランス流の共和主義的学校観を貫徹し，公立学校における政教分離の徹底を求めるのであれば，同様の問題が早晩生じることになろう。

また，問題はイスラム教に限ったことではない。チャドルやブルカ等の着用に限らず，一定の様式に従って宗教的情操を身につけさせようとする保護者にとって，政教分離に依拠する共和主義的学校観は宗教教育の自由と衝突可能性を有している。それゆえに，公立学校における宗教の可視化は，イスラム教等，特定の宗教とは関わりなく，今後，問題化する可能性が存在している。

参考文献

内野正幸『表現・教育・宗教と人権』（弘文堂，2010）
長谷部恭男『憲法学のフロンティア』（岩波書店，1999）
下村哲夫編『学校の中の宗教—教育大国のタブーを解読する』（時事通信社，1996）
長谷部恭男他編『憲法判例百選Ⅰ［第７版］』（別冊ジュリスト245号，有斐閣，2019）

＊12　この間の経緯については，樋口陽一『近代国民国家の憲法構造』東京大学出版会（1994年）に詳しい。

＊13　フランスをはじめ，スイスやオーストリア，ベルギー等，公共の場でブルカ等の着用を禁止する国も存在している。

演習問題

以下の文章について，妥当なものには○，妥当でないものには×を付し，×を付けたものについては簡単にその理由を記載せよ（条文や裁判例を挙げるのでもよい）。

1．市の主催により，市立中学校新校舎の起工式を神道式地鎮祭として行うことは，その目的が社会の一般的慣習に従った儀礼を行うという専ら世俗的なものであったとしても，日本国憲法20条３項により禁止される宗教的活動に当たるとするのが，最高裁判所の確立した見解である。

理由：＿＿＿＿＿＿＿＿＿＿＿＿＿＿＿＿＿＿＿＿＿＿＿＿＿＿＿＿

＿＿＿＿＿＿＿＿＿＿＿＿＿＿＿＿＿＿＿＿＿＿＿＿＿＿＿＿

2．宗教に関する寛容の態度，宗教に関する一般的な教養及び宗教の社会生活における地位は，教育上尊重されなければならない。

理由：＿＿＿＿＿＿＿＿＿＿＿＿＿＿＿＿＿＿＿＿＿＿＿＿＿＿＿＿

＿＿＿＿＿＿＿＿＿＿＿＿＿＿＿＿＿＿＿＿＿＿＿＿＿＿＿＿

3．国及び地方公共団体が設置する学校は宗教的活動をしてはならず，公立小学校の教室にクリスマスツリーを飾ることはこれに抵触する可能性がある。

理由：＿＿＿＿＿＿＿＿＿＿＿＿＿＿＿＿＿＿＿＿＿＿＿＿＿＿＿＿

＿＿＿＿＿＿＿＿＿＿＿＿＿＿＿＿＿＿＿＿＿＿＿＿＿＿＿＿

4．公立高等学校で，体育で必修とされている剣道を，ある生徒が信仰上の理由から拒否したため，体育の単位が未修得となった。職員会議の議決に従って，校長がその生徒を退学処分にしたとしても，校長の裁量の範囲内と考えられる。

理由：＿＿＿＿＿＿＿＿＿＿＿＿＿＿＿＿＿＿＿＿＿＿＿＿＿＿＿＿＿＿

＿＿＿＿＿＿＿＿＿＿＿＿＿＿＿＿＿＿＿＿＿＿＿＿＿＿＿＿＿＿

5．公立中学校の修学旅行において，神社仏閣を巡り，高校入試の合格を願い全員で参拝することは許される。

理由：＿＿＿＿＿＿＿＿＿＿＿＿＿＿＿＿＿＿＿＿＿＿＿＿＿＿＿＿＿＿

＿＿＿＿＿＿＿＿＿＿＿＿＿＿＿＿＿＿＿＿＿＿＿＿＿＿＿＿＿＿

6　特別支援教育と法

坂田　仰

《目標＆ポイント》 特殊教育という呼称に代えて，特別支援教育という呼称が使用されるようになってから約20年が経過した。この間，教育基本法の改正，障害者の権利に関する条約の批准，障害者基本法の改正，障害者差別解消法の制定等，障害者に対する施策，障害者の教育を受ける権利を巡る状況は大きく変化している。本章では，日本における障害児教育法制の変遷を概説するとともに特別支援教育に関わる法制度について検討する。
《キーワード》 特別支援教育，障害者差別解消法，合理的配慮，発達障害者支援法，通級による指導

文部科学省が2022（令和４）年に実施した「通常の学級に在籍する特別な教育的支援を必要とする児童生徒に関する調査」[*1]によれば，「学習面又は行動面で著しい困難を示す」とされた児童・生徒数の割合が，小学校・中学校においては推定値8.8％，高等学校においては推定値2.2％となっている。2002（平成14）年に行った調査では推定値6.3％であったことから，特別支援教育の浸透とともに全ての学校においてきめ細やかな対応が求められるようになっていることがわかる。

1．障害児教育法制の軌跡

日本において法制上障害児教育が明確に位置付けられたのは，1890（明治23）年のことである。小学校令（第二次小学校令）の中に，従来の就学猶予等の規定に加え，「盲唖（もうあ）学校」の設置，廃止に関する規定が

＊1　全国の公立の小学校・中学校・高等学校の通常の学級に在籍する児童・生徒を母集団とする抽出調査。

設けられた。その後，新教育思想等の台頭を受けて，1923（大正12）年，「盲学校及聾唖学校令」（大正12年勅令第375号）が制定され，道府県に盲学校と聾唖学校の設置義務が課されることになる[*2]。

ただし，盲，聾以外の障害児教育に関する法整備は，教育審議会による「国民学校，師範学校及幼稚園ニ関スル件」（1938（昭和13）年）をまたねばならなかった。教育審議会の意向は，最終的に，国民学校令として結実することになる。しかし，戦時色が増す中で障害児教育の優先度は低く，実質的には第二次世界大戦の終結まで進展は見られなかった。

戦後新たに制定された学校教育法には，「盲学校，聾学校又は養護学校」に関する規定が設けられていた。これら特殊教育諸学校は，「盲者」「聾者」又は「精神薄弱，身体不自由その他心身に故障のある者」に対して，教育を行う機関として位置付けられ，都道府県が設置義務を負うことになった。障害者教育の充実を求める第一次アメリカ教育使節団報告書[*3]や全ての国民に“ひとしく教育を受ける権利”を保障する日本国憲法の制定を背景とした動きである。

だが一方で，障害児教育の完全義務化は見送られ，「盲者」と「聾者」が先行して義務化されることになった[*4, *5]。この点について，旧文部省は，「教育思潮が根底から激動し」，新しい義務教育制度が全国一斉に実

＊2　盲学校及聾唖学校令の下に「公立私立盲学校及聾唖学校規程」（大正12年文部省令第34号）が置かれた。

＊3　盲人や聾唖者，その他身体的に大きなハンディキャップをもつ子どもには，正規の学校では彼らの要求に十分に応じることができないので，特別のクラスあるいは特別の学校が用意されなければならないなどの記述が見られる。

＊4　1948（昭和23）年度から学年進行で就学義務化が進められていった。

＊5　義務化が見送られた養護学校については，1956（昭和31）年，「公立養護学校整備特別措置法」が制定されている。「養護学校における義務教育のすみやかな実施」を目標に掲げ，「公立の養護学校の設置を促進し，かつ，当該学校における教育の充実を図るため，当該学校の建物の建築，教職員の給料その他の給与等に要する経費についての国及び都道府県の費用負担その他必要な事項に関し特別の措置を定めること」を目的とするものであった（１条）。

施される中,「何といっても少数例外者でしかない障害児たちへの教育的配慮が,にわかに実施できる余裕があろうはずもなかった」と指摘している[*6]。障害児の教育を論じる場合,メインストリームから外れたマイノリティー集団としての障害児という位置付けが一般的である。しかし,「盲」「聾」という「障害児教育におけるメインストリーム」から取り残された,さらなるマイノリティーとしての「精神薄弱,身体不自由その他心身に故障のある者」という構造が存在したことを見落としてはならないだろう。

この状況を変えたのが,1971(昭和46)年に公にされた中央教育審議会による「今後における学校教育の総合的な拡充整備のための基本的施策について」(いわゆる「46答申」)であった。「これまで延期されてきた養護学校における義務教育を実施に移す」という記述である[*7]。

これを受けた旧文部省は,養護学校義務化に向けた条件整備を推進していく。1973(昭和48)年には,「学校教育法中養護学校における就学義務及び養護学校の設置義務に関する部分の施行期日を定める政令」(昭和48年政令第339号)を制定し,1979(昭和54)年度からの義務化を予告した。そして,1979(昭和54)年4月,養護学校の義務化がようやく実現することになった。「教育における機会均等」を定めた日本国憲法の制定から33年を経て,全ての子どもを対象とする義務教育体制が確立したことを意味する。

その結果,就学猶予・免除者数は大きく減少することになった。1979(昭和54)年度からの義務化が決定した1973(昭和48)年当時,就学猶

*6　文部省編『学制百年史』帝国地方行政学会(1972年)776頁。

*7　他に,療養などにより通学困難な児童・生徒に対して教員の派遣による教育を普及するなど,心身障害児の様々な状況に応じて教育形態の多様化をはかること,重度の重複障害児のための施設を設置するなど,特殊教育施設の整備充実について国がいっそう積極的な役割を担うこと,心身障害児の早期発見と早期の教育・訓練,義務教育以後の教育の充実,特殊教育と医療・保護・社会的自立のための施策との緊密な連携など,心身障害児の処遇の改善をはかることといった記述が存在する。

予・免除者数はおおむね2万人前後で推移していた。それが，2005（平成17）年5月1日現在，就学免除者数は，学齢児童（6～11歳）が872人，学齢生徒（12～14歳）が296人，就学猶予者数は，学齢児童が903人，学齢生徒が365人にまで低下している[*8]。養護学校義務化が，1980年代以降の障害児教育にいかに大きな変化をもたらしたかはこの数字を見ても明らかといえるだろう。

2. “特殊教育”から“特別支援教育”へ

2007（平成19）年，日本の障害児教育は大きな転機を迎えた。盲学校，聾学校，養護学校という障害の種別に基づく従来の枠組み，いわゆる特殊教育を特別支援教育に再編する改革である。この改革は，ノーマライゼーション，メインストリームといった世界的潮流，障害者基本法[*9]の改正，発達障害者支援法[*10]の制定等，障害に対する社会的認知の深まり，「国及び地方公共団体は，障害のある者が，その障害の状態に応じ，十分な教育を受けられるよう，教育上必要な支援を講じなければならない」とする教育基本法4条2項の新設等を受けたものであった。

その契機となったのは，文部科学省が設置した「特別支援教育の在り方に関する調査研究協力者会議」による，「今後の特別支援教育の在り方について（最終報告）」(2003（平成15）年3月）である。同報告は，

＊8　文部科学省『平成17年度学校基本調査』。

＊9　「全ての国民が，障害の有無にかかわらず，等しく基本的人権を享有するかけがえのない個人として尊重されるものであるとの理念にのつとり，全ての国民が，障害の有無によつて分け隔てられることなく，相互に人格と個性を尊重し合いながら共生する社会を実現するため，障害者の自立及び社会参加の支援等のための施策に関し，基本原則を定め，及び国，地方公共団体等の責務を明らかにするとともに，障害者の自立及び社会参加の支援等のための施策の基本となる事項を定めること等により，障害者の自立及び社会参加の支援等のための施策を総合的かつ計画的に推進すること」を目的に制定された法律である（1条)。

①特殊教育諸学校若しくは特殊学級に在籍又は通級による指導を受ける児童・生徒の比率は増加傾向を示している，②重度・重複障害のある児童・生徒が増加している，③学習障害（LD），注意欠陥多動性障害（ADHD）など通常学級等において指導を受けている児童・生徒への対応が課題になっている，という認識の下，「障害の程度等に応じ特別の場で指導を行う」特殊教育から，一人一人の障害児の教育ニーズを考慮する「特別支援教育」への転換を打ち出したのである。

ここで特別支援教育とは，「これまでの特殊教育の対象の障害だけでなく，その対象でなかったLD，ADHD，高機能自閉症も含めて障害のある児童生徒に対してその一人一人の教育的ニーズを把握し，当該児童生徒の持てる力を高め，生活や学習上の困難を改善又は克服するために，適切な教育を通じて必要な支援を行う」ことを意味し，「障害のある児童生徒の自立や社会参加に向けた主体的な取組を支援するためのもの」と位置付けられた。同報告によれば，特別支援教育を支えるためには，①「質の高い教育的対応を支える人材」，②「関係機関の有機的な連携と協力」，③「個別の教育支援計画」，④「特別支援教育コーディネーター」，⑤「地域の総合的な教育的支援体制の構築と当該地域の核となる専門機関」が必要とされている。

これを受けて，2006（平成18）年，学校教育法等の一部を改正する法律（平成18年法律第80号）が成立し，2007（平成19）年度から特別支援

＊10 「発達障害者の心理機能の適正な発達及び円滑な社会生活の促進のために発達障害の症状の発現後できるだけ早期に発達支援を行うとともに，切れ目なく発達障害者の支援を行うことが特に重要であることに鑑み，障害者基本法（昭和45年法律第84号）の基本的な理念にのっとり，発達障害者が基本的人権を享有する個人としての尊厳にふさわしい日常生活又は社会生活を営むことができるよう，発達障害を早期に発見し，発達支援を行うことに関する国及び地方公共団体の責務を明らかにするとともに，学校教育における発達障害者への支援，発達障害者の就労の支援，発達障害者支援センターの指定等について定めることにより，発達障害者の自立及び社会参加のためのその生活全般にわたる支援を図り，もって全ての国民が，障害の有無によって分け隔てられることなく，相互に人格と個性を尊重し合いながら共生する社会の実現に資すること」を目的とした法律である（1条）。

教育への転換が実現した。転換の初日，文部科学省は，「特別支援教育の推進について（通知）」（平成19年４月１日付け19文科初第125号）を発している。通知は，特別支援教育を「これまでの特殊教育の対象の障害だけでなく，知的な遅れのない発達障害も含めて，特別な支援を必要とする幼児児童生徒が在籍する全ての学校において実施されるもの」とする。単に特殊教育諸学校を特別支援学校へと転換するだけではなく，小・中・高等学校等の普通学校を含め「全ての学校」が特別支援教育の舞台とされている点に留意する必要があるだろう。

なお特別支援教育は，これまでの特殊教育が対象としてきた，盲者，聾者，精神薄弱，身体不自由その他心身に故障のある者に加えて，発達障害を有する者も対象に取り込んだ点にも特徴が存在する。ここでいう発達障害とは，「自閉症，アスペルガー症候群その他の広汎性発達障害，学習障害，注意欠陥多動性障害その他これに類する脳機能の障害であってその症状が通常低年齢において発現するものとして政令で定めるもの」（発達障害者支援法２条１項）を指す。学習障害（LD），注意欠陥多動性障害（ADHD）等の傾向を有する者は，従来，通常学級において指導を受けることが多かった。単に「手のかかる子」として，特殊教育と通常の教育の狭間に落ち込んでいたこれらの子どもに焦点を当て，特別支援教育の対象として同定し，個別の教育ニーズに応える体制を構築しようとした意義は極めて大きいと言える。

3. 特別支援教育と障害者差別解消法

また，特別支援教育を考えるに当たっては，2016（平成28）年４月，障害を理由とする差別の解消の推進に関する法律（障害者差別解消法）が施行されたことにも留意する必要がある。同法は，行政機関や事業者に対して，障害を理由とする「不当な差別的取扱い」を禁止するとともに，障害者の参画を阻む「社会的障壁」を除去するため，「合理的配慮」を行うことを求めている。これは，「障害に基づくあらゆる区別，排除又は制限であって，政治的，経済的，社会的，文化的，市民的その他のあらゆる分野において，他の者との平等を基礎として全ての人権及び基本的自由を認識し，享有し，又は行使することを害し，又は妨げる目的又は効果を有するものをいう。障害に基づく差別には，あらゆる形態の差別（合理的配慮の否定を含む。）を含む」とする，障害者の権利に関する条約２条の障害に基づき差別の定義を反映したものである。同法の下，特別支援教育に関わって，国公私立の区別を問わず学校設置者は，「不当な差別的取扱い」の禁止，「合理的配慮」の双方を念頭に，施設・設備の整備や教育上の配慮等，多様な対応を行っていくことが求められる。

（1） 障害を理由とする不当な差別

障害者差別解消法でいう「不当な差別的取扱い」とは，正当な理由なく，障害を理由として，サービス等の提供を拒否や制限したり，条件を付けたりすることを指す。絶対的な禁止ではなく，「正当な理由」が存在する場合には許容される点に注意する必要がある。

障害を理由とする不当な差別的取扱いに該当するかを巡っては，障害者差別解消法の制定以前から今日に至るまで，学校現場でも争われ続けている。例えば，公立高等学校入試不合格取消等訴訟はその典型といえる（神戸地方裁判所判決平成４年３月13日）。兵庫県下の公立高等学校の受験生が，調査書の学力評定及び学力検査の合計点では合格ラインを超えていたが，進行性の筋ジストロフィー症に罹患していることから高等学校の全課程を無事に履修する見込みがないと判定されて，入学不許可の処分となり，これを不服とし，その取消しと損害賠償を求めて提訴した事案である。

最大の争点となったのは，不合格処分が当該学校の校長の有する入学許否処分権限に基づく裁量の範囲内にあったか否かであった。この点について学校設置者は，事前に提出されていた診断書などの記載，校医の意見その他諸般の事情から，疾患の特性，障害の程度，学校の受け入れ態勢等を教育的見地から総合的に判断した結果，身体的状況が高等学校の全課程を無事に履修する見通しがないものとして不合格と判定したと主張している。

しかし，判決は学校設置者の主張を退けた。まず判決は，「どのような入学選抜方法をとるかについても，前記高等学校における教育目的実現のための教育的見地からする学校長の裁量的判断に任されている」とする。しかし，校長の裁量は無制約なものではなく，その判断が憲法その他の法令から導き出される諸原則に反するような場合や，県教育委員会の定めた入学選抜要綱所定の手続を著しく逸脱し，当該処分が事実誤認に基づき，又はその内容が社会通念に照らして著しく不合理であったりするような場合には，その処分が違法となることがあるとした。

その上で判決は，「調査書に記載されたところに基づいて，一定の学力に達している者でも，他の理由により高等学校の全課程を履修できないとの見込みが認められる場合に，その事情を考慮して合否の判定をすることが，直ちに，学校長の裁量権を逸脱し又は裁量権を濫用していると解せられるものではない。また，後者の選抜要綱が定めているとおり，高等学校の課程の履修の可否の判断に際し，身体の記録を参考としたとしても，そのことから，直ちにその判断が違法不当なものとなるわけではない」とする。だが，「「高等学校の全課程を履修する見通しがある」ことを合否判定の基準とすることができるとしても，身体に障害を有する受検者について右のような基準を適用し，障害のため単位認定が困難という理由で不合格の判断をするなど，障害者に対する不当な差別を招来することのないよう留意しなければならない」等とし，本件不合格処分を裁量権の逸脱濫用に該当するとしている。

障害者差別解消法が制定されて以降の例*11としては，特別支援学級入級損害賠償請求訴訟が挙げられる（富山地方裁判所判決平成28年９月21日)。富山県下の公立中学校の特別支援学級に在籍し，卒業した生徒が，校長が特別支援学級に入級させ，卒業まで在籍させ続けたこと等が，違法な差別的取扱いに当たるとして，学校設置者に対し損害賠償の支払いを求めた事案である。

これに対し，判決は，まず「入級処分は，個々の子どもの心身の発達にとっていずれの学級に入級させることが最も適切といえるかという観点からされるべきであり，そのためには，教育的見地，科学的，医学的見地等，種々の専門的観点から諸般の事情を総合的に検討することが必要である」とする。そして，「このような入級処分の性質に鑑みれば，同処分は校務をつかさどり，教育の専門家である校長の広範な裁量に委ねられていると解するのが相当である」とし，校長の専門的裁量に委ねるべきとの立場を示している。

周知のように，学校教育法等には，児童・生徒を特別支援学級へ入級させる権限について明示的な規定は存在しない。だが，実務においてはこの権限は，校長が有する校務掌理権（学校教育法37条４項）に含まれると考えられている。他方，入級に関しては，保護者からの意見聴取を義務付ける就学手続とは異なって，保護者や子どもが，普通学級，特別支援学級のいずれに入級するかについて選択する権利を有することをうかがわせる規定等は存在しない。それゆえ，就学指定と比較し，専門的見地からする判断がより重視されるべきといえ，それを強調する判決の

*11　特別支援教育への転換が図られる以前，旧特殊学級時代の例としては，旧特殊学級入級処分取消訴訟（旭川地方裁判所判決平成５年10月26日）が存在する。

姿勢は基本的に支持されるべきであろう。

（２）　合理的配慮

他方，「合理的配慮」についてはどうであろうか。障害者差別解消法は，障害を理由とした不当な差別的取り扱いの禁止を前提とし，それを一歩進めて障害者が日々の生活で遭遇する様々な障害，困難，いわゆる「社会的障壁」の除去を目指している。ここでいう社会的障壁とは，障害者が，①日常生活や社会生活を送る上で障壁となるような，通行，利用しにくい施設や設備といった社会における事物，②利用しにくい制度，③障害者の存在を考慮していない慣習や文化等の慣行，④障害者に対する偏見といった観念，その他一切のものを含んでいる*12。この障壁を取り除くために，障害者に対し，個別の状況に応じて行われるのが，合理的配慮である。

「行政機関等及び事業者は，社会的障壁の除去の実施についての必要かつ合理的な配慮を的確に行うため，自ら設置する施設の構造の改善及び設備の整備，関係職員に対する研修その他の必要な環境の整備に努めなければならない」（５条）。特に公立学校を含む「行政機関等は，その事務又は事業を行うに当たり，障害者から現に社会的障壁の除去を必要としている旨の意思の表明があった場合において，その実施に伴う負担が過重でないときは，障害者の権利利益を侵害することとならないよう，当該障害者の性別，年齢及び障害の状態に応じて，社会的障壁の除去の実施について必要かつ合理的な配慮をしなければならない」とされ，合理的配慮を行うべきことが法的義務となっている（７条２項）*13。

具体的には，まず，教員や支援員等の確保，施設・設備の整備が挙げられる。エレベーターの設置等バリアフリー化に多くの予算を必要とす

＊12　内閣府 HP「障害を理由とする差別の解消の推進に関する法律についてのよくあるご質問と回答<国民向け>」（https://www8.cao.go.jp/shougai/suishin/law_h25-65_qa_kokumin.html（最終アクセス2023年８月14日））参照。

る場合，「実施に伴う負担が過重でないとき」という制約要件との関係で，どこまでを義務とするのか調整が必要となる。第二に，教育課程や教材等への配慮が考えられる。デジタル教材，ICT 機器等の積極的な活用，教科書，教材，図書等の点訳や音訳，場合によっては，点字，手話といったコミュニケーション手段そのものを確保することが求められることになる。第三に，重度の障害を有する児童・生徒が在籍する場合には，看護師等，医療系スタッフの確保が課題となる。「チーム学校」という場合，今後，医療系スタッフを含むという観点が不可欠になるものと予測される。ただ，看護師の配置等に関しては，人材の確保，費用負担等の困難が存在するところから，やはり「実施に伴う負担が過重でないとき」の理解が問題となる。

この点に関わる訴訟として，特別支援学校就学指定訴訟が存在する（横浜地方裁判所判決令和２年３月18日）。先天性ミオパチーによる，呼吸器機能障害，両上肢機能障害及び両下肢体幹機能障害を有し，人工呼吸器を使用し，経鼻胃管栄養等を行っている子どもに関わって，県教育委員会が行った特別支援学校への就学指定通知処分が違法であるとして，処分の取消し等を求めた事例である。

訴訟においては，就学指定を行うに当たって，合理的配慮を求める保護者の意向をどの程度尊重すべきかが争点の一つになった。原告は，本人と保護者の意向が最大限尊重されるべきであり，それが不合理でない限り，市町村教育委員会の判断は，原則として，本人と保護者の意向に拘束され，裁量の幅は著しく狭い等と主張している。

これに対し判決は，障害児の就学指定手続において，保護者からの意

＊13　障害者差別解消法は，従来，行政機関に対しては合理的配慮を法的義務とする一方，民間事業者についてはこれを努力義務にとどめていた（７条２項，８条２項）。したがって，同じ学校でありながら，公立学校と私立学校では，現実問題として，合理的配慮の適用に差異が生じる可能性が存在していたことになる。しかし，2021（令和３）年，障害者差別解消法が改正され，私立学校を含む民間事業者についても合理的配慮が法的義務となった（2024（令和６）年４月１日施行）。

見聴取に加えて，「教育学，医学，心理学その他の障害のある児童生徒等の就学に関する専門的知識を有する専門家の第三者的な客観性のある意見を聴くものとしている」点を重視し，訴えを退けた。その背景には，人工呼吸器を使用している児童を受け入れる体制が十分ではなく，看護師も配置されておらず，児童間の衝突事故も想定される中，一般の小学校が特別支援学校と比較してふさわしい学びの場とは言い難いとする認識が存在したものと考えられる。そしてこれら判断の解消を求めることは「過重な負担」に該当すると判断したものと評価してよいだろう。

合理的配慮の限界に関わって，もう一つ注目すべき訴訟として声門下狭窄（きょうさく）症痰（たん）吸引器購入等請求訴訟が挙げられる（名古屋高等裁判所判決令和３年９月３日）。気管カニューレ，Ｔチューブを挿管した生徒とその保護者が，挿管の関係上，痰の吸引が不可欠であることから，中学校の設置者には，合理的配慮の一環として，電動の喀痰（かくたん）吸引器具を取得し，これを維持，保管及び整備する義務がある等と主張して提訴した事案である。

訴訟では，合理的配慮について規定する障害者差別解消法２条１項を根拠として，喀痰吸引器具を取得し，維持，保管及び整備することを直接請求することができるかが大きな争点となった。生徒側は，学校設置者との間には「在学関係ともいうべき公法上の法律関係が存在しており」，この関係の下，学校設置者は，「障害者差別解消法７条２項に基づいて合理的配慮を提供する義務を負っている」とし，学校設置者に対し，「同項に基づき，喀痰吸引器具を取得し，その器具を使用に供し得る状態で維持，保管及び整備することを請求することができる」と主張している。これに対し判決は，障害者差別解消法７条２項は，「障害者に対して合理的配慮を行うことを公法上の義務として定めたものであって，個々の障害者に対して合理的配慮を求める請求権を付与する趣旨の規定ではない」とし，生徒側の訴えを退けている。

判決が指摘するとおり，「合理的配慮の内容は個別の事案に応じた多種多様なものであり，その内容が一義的に定まるものではない」。何をもって合理的配慮とするかはケースバイケースで決定することにならざるを得ない。それゆえ，要望・要求を尊重することが仮に望ましいとしても，それが権利性を有するものとは評価できないという判断は妥当なものと考えられる。

4. 残された課題

特殊教育から特別支援教育へ大きく舵（かじ）を切って以降，教育行政，学校現場はその実現を目指して日々試行錯誤を繰り返している。その意味において日本の特別支援教育はいまだ発展途上といえる。その渦中，国際連合の障害者権利委員会から日本政府に対して示された勧告が大きな波紋を呼んでいる。障害者の権利に関する条約に基づき2022（令和４）年９月に出された総括所見である。

総括所見では，障害を有する子どもが通常学校へのアクセスを確保し，通常学校がこれを拒否しないための条項と政策を導入すること等が求められている。その中にあって特に注目を集めたのが，特別支援学級に関する文部科学省通知の廃止を求める旨の懸念事項であった。ここでいう文部科学省通知とは，「特別支援学級及び通級による指導の適切な運用について（通知）」（令和４年４月27日付け４文科初第375号）を指す。特別支援学級に在籍する児童・生徒が，「原則として週の授業時数の半分以上を目安として特別支援学級において児童生徒の一人一人の障害の状態や特性及び心身の発達の段階等に応じた授業を行うこと」等を求めたものである。

そもそも特別支援学級や通級による指導は，共生社会の形成に向けて，障害者の権利に関する条約に基づくインクルーシブ教育の推進のために構築されたはずである。にもかかわらず，今回，その運用が，障害者権利委員会から，インクルーシブ教育を進める上での課題と指摘された。ここに特別支援教育の一筋縄ではいかない困難さが表出している。

何をもって障害を有する子どもの最善の利益，教育ニーズと捉えるかは，保護者によっても見解が分かれる部分がある。日本の特別支援教育は，この点を考慮して特別支援学校，特別支援学級，通級指導[*14]による指導，普通学級での指導というバリエーションを用意したわけである。にもかかわらず，このバリエーションがインクルーシブ教育の理念に反すると指摘された。この点に目を向ける必要がある。

本来，特別支援教育は，価値観や教育観といった主観的な意見の対立の問題ではなく，専門的観点を踏まえた子どもに対する教育上の客観的なニーズを満たすべきものと考えるべきである。しかしながら，現実問題としては，何をもって障害を有する子どもの最善の利益，教育ニーズと捉えるかはどうしてもそれを判断する者の価値判断に左右される部分が存在する。この点を乗り越えられるか否かが今後の特別支援教育の在り方を決することになるのではないか。

＊14　通常学級に在籍しおおむねそこでの学習や生活に参加できる比較的軽度の障害を有する児童・生徒に対し，障害による学習上，生活上の困難に対応するため，その障害の状態に応じて「特別な教育課程」による指導を行う特別支援教育の形態をいう。

参考文献

勝野正章・藤本典裕編『教育行政学　改訂新版』（学文社，2015）
柘植雅義『特別支援教育―多様なニーズへの挑戦』（中央公論新社，2013）
長崎勤・吉井勘人・長澤真史編著『これからの特別支援教育―発達支援とインクルーシブ社会実現のために』（北樹出版，2022）

演習問題

以下の文章について，妥当なものには○，妥当でないものには×を付し，×を付けたものについては簡単にその理由を記載せよ（条文や裁判例を挙げるのでもよい）。

1．「盲者」「聾者」「精神薄弱，身体不自由その他心身に故障のある者」の就学義務化は，1948（昭和23）年度に学齢に達した者から学年進行で進められた。

理由：＿＿＿＿＿＿＿＿＿＿＿＿＿＿＿＿＿＿＿＿

＿＿＿＿＿＿＿＿＿＿＿＿＿＿＿＿＿＿＿＿

2．障害者の教育に関わる規定は旧教育基本法には一切存在せず，「国及び地方公共団体は，障害のある者が，その障害の状態に応じ，十分な教育を受けられるよう，教育上必要な支援を講じなければならない」とする教育基本法4条2項は，2006（平成18）年の全面改正の際，初めて設けられた規定である。

理由：＿＿＿＿＿＿＿＿＿＿＿＿＿＿＿＿＿＿＿＿

＿＿＿＿＿＿＿＿＿＿＿＿＿＿＿＿＿＿＿＿

3．保護者等から合理的配慮を求められた場合，公立学校はそれに対応する法的義務を負っている。したがって，どのような理由が存在したとしてもそれを実現する義務を果たさなければならない。

理由：＿＿＿＿＿＿＿＿＿＿＿＿＿＿＿＿＿＿＿＿＿＿＿＿＿＿

＿＿＿＿＿＿＿＿＿＿＿＿＿＿＿＿＿＿＿＿＿＿＿＿＿＿

4．障害者差別解消法は，同じ学校でありながら，公立学校を含む行政機関に対しては合理的配慮を法的義務としているが，私立学校を含む民間事業者については努力義務に止めている。この点は，2021（令和３）年の障害者差別解消法の改正においても民間事業者の経済的負担を考慮し変更はなされなかった。

理由：＿＿＿＿＿＿＿＿＿＿＿＿＿＿＿＿＿＿＿＿＿＿＿＿＿＿

＿＿＿＿＿＿＿＿＿＿＿＿＿＿＿＿＿＿＿＿＿＿＿＿＿＿

5．文部科学省は，特別支援学級に在籍する児童・生徒については，原則として週の授業時数の半分以上を目安として特別支援学級において児童・生徒の一人一人の障害の状態や特性及び心身の発達の段階等に応じた授業を行うことを求めている（2023（令和５）年４月１日現在)。

理由：＿＿＿＿＿＿＿＿＿＿＿＿＿＿＿＿＿＿＿＿＿＿＿＿＿＿

＿＿＿＿＿＿＿＿＿＿＿＿＿＿＿＿＿＿＿＿＿＿＿＿＿＿

7 学校安全・学校保健と法

山田知代

《目標＆ポイント》 学校において，児童・生徒が生き生きと学び，活動するためには，まず学校が安全・安心な場所であるとともに，衛生環境が維持され児童・生徒の健康が保持されていることが前提となる。その意味で，学校安全・学校保健は，学校の教育活動の「基盤」と言える。本章では，学校安全への対応や学校保健に関する事項について，学校保健安全法や裁判例をもとに検討する。

《キーワード》 危機管理，学校保健安全法，学校安全，学校保健，学校感染症

本章の主題である「学校安全・学校保健」に関する重要な法律として，「学校保健安全法」（昭和33年法律第56号）がある。同法は，1958（昭和33）年に制定された前身の「学校保健法」を，2008（平成20）年６月に，約半世紀ぶりに抜本的に改正したものである。この改正により，同法には「学校安全」の章が新設され，法律名にも「安全」の文字が加えられることとなった。学校における「保健管理」と「安全管理」を二本柱として，「学校教育の円滑な実施とその成果の確保に資することを目的」（１条）とすることが明確に打ち出された形である。

本章では，学校安全及び学校保健に関する事項について，主として学校保健安全法や裁判例をもとに概説していく。

1. 学校安全と法

（1） 学校安全とは

学校安全とは，学校における「安全教育」と「安全管理」を包括する概念である（文部科学省設置法4条1項12号）。「安全教育」とは，「児童生徒等が自らの行動や外部環境に存在する様々な危険を制御して，自ら安全に行動したり，他の人や社会の安全のために貢献したりできるようにすること」を目指すものであり，「安全管理」とは，「児童生徒等を取り巻く環境を安全に整えること」を目指すものとされる[*1]。両者は，学校安全の両輪とされ，相互に関連付けて組織的に行うことが必要となる。

さらに，学校安全の活動は，両者の活動を円滑に進めるための「組織活動」を加えた，3つの活動から構成されている（図7－1）。「安全教

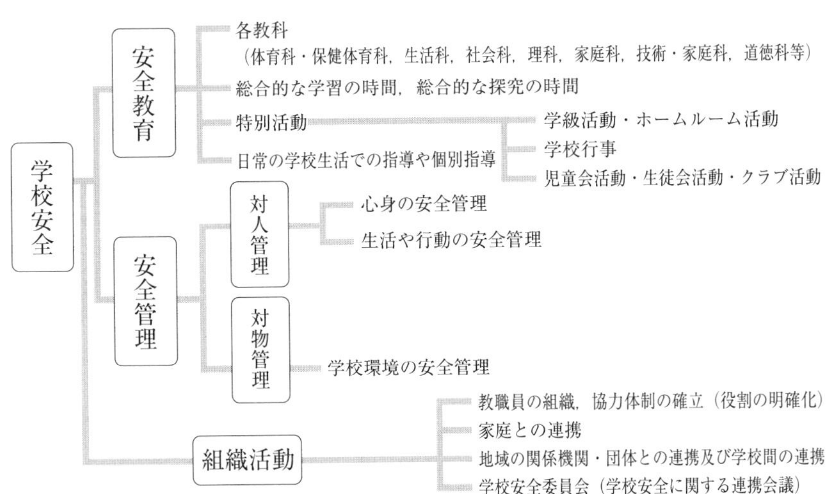

出典）文部科学省「学校安全資料『生きる力』をはぐくむ学校での安全教育」（2019年）12頁

図7－1　学校安全の体系

＊1　文部科学省「学校安全資料『生きる力』をはぐくむ学校での安全教育」（2019年）11頁。

育」「安全管理」「組織活動」というこれら３つの活動は，「生活安全」「交通安全」「災害安全」の各領域[*2]を通じて実施される。

図７-１で示すとおり，学校における「安全教育」は，主に学習指導要領を踏まえて学校の教育活動全体を通じて実施され，各教科や総合的な学習（探究）の時間のほか，特別活動の学級活動や学校行事でも行われることから，カリキュラム・マネジメントが必要となる[*3]。他方，学校における「安全管理」「組織活動」は，主に学校保健安全法に基づいて実施される[*4]。以下では，同法の「第３章　学校安全」(26条～30条)の規定を確認していく。

（２）　学校保健安全法における学校安全に関する規定

学校保健安全法は，学校安全について，26～30条で「学校の設置者」「学校」「校長」の三者の責務を規定している。

まず，「学校設置者」に対しては，「児童・生徒等」[*5]の安全の確保を図るため，その設置する学校[*6]において，事故，加害行為，災害等（以下，事故等）により児童・生徒等に生ずる危険を防止し，及び事故等に

---

*2　「生活安全」の領域では，学校・家庭など日常生活で起こる事件・事故を取り扱い，誘拐や傷害などの犯罪被害防止も含まれる。「交通安全」の領域には，様々な交通場面における危険と安全，事故防止が含まれる。そして「災害安全」は防災と同義であり，地震・津波災害，火山災害，風水（雪）害等の災害に加え，火災や原子力災害も含まれる。「第３次学校安全の推進に関する計画」(2022年３月25日閣議決定)。

*3　「第３次学校安全の推進に関する計画」(2022年３月25日閣議決定)。

*4　前掲注１，13頁。

*5　学校保健安全法でいう「児童生徒等」とは，「学校に在学する幼児，児童，生徒又は学生」を指す（学校保健安全法２条２項)。

*6　学校保健安全法でいう「学校」とは，学校教育法１条に規定する学校を指す（学校保健安全法２条１項)。すなわち，幼稚園，小学校，中学校，義務教育学校，高等学校，中等教育学校，特別支援学校，大学及び高等専門学校である。なお，幼保連携型認定こども園については，就学前の子どもに関する教育，保育等の総合的な提供の推進に関する法律27条により，学校保健安全法の３～10条，13～21条，23条，26条～31条の規定が準用されている。

より児童・生徒等に危険又は危害が現に生じた場合（以下，危険等発生時）において適切に対処することができるよう，「当該学校の施設及び設備並びに管理運営体制の整備充実その他の必要な措置を講ずるよう努める」義務を課している（26条）。学校の設置者は，その設置する学校を管理することとされているが（学校教育法５条），学校安全に関して学校の設置者が果たすべき役割の重要性に鑑み，その責務を法律上明確に示した規定であると考えられている。

次に，「学校」に対しては，第一に，学校安全計画を策定・実施する義務が課されている（27条）。学校安全計画とは，「児童生徒等の安全の確保を図るため，当該学校の施設及び設備の安全点検，児童生徒等に対する通学を含めた学校生活その他の日常生活における安全に関する指導，職員の研修その他学校における安全に関する事項」について定めた計画をいう（同条）。第二に，危険等発生時対処要領を作成する義務が課されている（29条１項）。危険等発生時対処要領とは，「児童生徒等の安全の確保を図るため，当該学校の実情に応じて，危険等発生時において当該学校の職員がとるべき措置の具体的内容及び手順を定めた対処要領」（同条同項）のことであり，いわゆる「危機管理マニュアル」と呼ばれているものである。そして第三に，「事故等により児童生徒等に危害が生じた場合において，当該児童生徒等及び当該事故等により心理的外傷その他の心身の健康に対する影響を受けた児童生徒等その他の関係者の心身の健康を回復させるため，これらの者に対して必要な支援を行う」ことが求められている（29条３項）*7。第四は，「地域の関係機関等との連携」に関する規定であり，「児童生徒等の安全の確保を図るため，児

*7　「その他の関係者」としては，事故等により心理的外傷その他の心身の健康に対する影響を受けた保護者や教職員が想定され，「必要な支援」としては，スクールカウンセラー等による児童・生徒等へのカウンセリング，関係医療機関の紹介などが想定されている（文部科学省「学校保健法等の一部を改正する法律の公布について（通知）」平成20年７月９日付け20文科ス第522号）。

童生徒等の保護者との連携を図るとともに，当該学校が所在する地域の実情に応じて，当該地域を管轄する警察署その他の関係機関，地域の安全を確保するための活動を行う団体その他の関係団体，当該地域の住民その他の関係者との連携を図るよう努めるものとする」と規定されている（30条）。

最後に，「校長」に対しては，第一に，「学校環境の安全の確保」が求められている。すなわち，「校長は，当該学校の施設又は設備について，児童生徒等の安全の確保を図る上で支障となる事項があると認めた場合には，遅滞なく，その改善を図るために必要な措置を講じ，又は当該措置を講ずることができないときは，当該学校の設置者に対し，その旨を申し出る」必要がある（28条）。第二に，「危険等発生時対処要領の職員に対する周知，訓練の実施その他の危険等発生時において職員が適切に対処するために必要な措置を講ずる」ことが求められている（29条2項）。

2. 学校の危機管理が問題となった事例

学校では，事件・事故，災害等の様々な危機が起こり得るので，児童・生徒や教職員等の命を守ることを最優先としながら，危機を適切にコントロールしていくことが必要となる。

危機管理とは，「人々の生命や心身等に危害をもたらす様々な危険や災害が防止され，万が一事故等が発生した場合，発生が差し迫った状況において，被害を最小限にするために適切かつ迅速に対処すること」*8と定義される。危機管理には，事前の危機管理（リスクマネジメント）と事後の危機管理（クライシスマネジメント）という2つの側面がある。前者は，「安全な環境を整備し，事故等の発生を未然に防ぐとともに，

*8　前掲注1，12頁。

事故等の発生に対して備えるため」のものであり，後者はさらに２段階に分けられ，①事故等の発生時に適切かつ迅速に対処し，被害を最小限に抑えるための「発生時の危機管理」と，②危機がいったん収まった後，心のケアや授業再開など通常の生活の再開を図るとともに，再発の防止を図る「事後の危機管理」に分類される[*9]。

以下では，学校の危機管理が問題となった事例を取り上げていく。本節で扱うのは，学校安全の３領域のうち「災害安全」に関わる，東日本大震災関連の裁判例である。

（1）　バス送迎中の津波による事故

私立幼稚園の園児らが乗車した幼稚園の送迎バスが，東日本大震災によって発生した津波に流され，その後に発生した火災にも巻き込まれるなどし，園児が死亡した事故について，亡園児４名の保護者８名が，園長と学校法人に対して損害賠償を求めて提訴した事案である（仙台地方裁判所判決平成25年９月17日）[*10]。

判決は，園長の情報収集義務の懈怠（けたい）を指摘した。すなわち，「被告園長は，巨大地震の発生を体感した後にも津波の発生を心配せず，ラジオや防災行政無線により津波警報等の情報を積極的に収集しようともせず，保護者らに対する日頃の送迎ルートの説明に反して，バスを高台から発車させるよう指示したというのであるから，被告園長には情報収集義務の懈怠があった」としている。その上で，仮に園長がこの情報収集義務を果たしていれば，海側の低地帯に向けてバスを発車させることはなく，「本件幼稚園地震マニュアルに従って高台にある本件幼稚園に園児らを待機させ続け，迎えに来た保護者に対して園児らを引き渡すことになったものと推認され，本件被災園児ら５名の尊い命が失われることもな

＊9　前掲注１，12頁。

＊10　判決は，原告８名に対し計約１億7,700万円の損害賠償を命じた。これに対し園側が控訴し，最終的に和解している。

かったであろうといえる」として，園長の情報収集義務の懈怠と園児らの死亡という結果発生との間の相当因果関係を認めた。

そもそも，この幼稚園の危機管理マニュアルはどのような内容になっていたのか。判決文の事実認定から読み取る限り，同園の危機管理マニュアルでは，「地震の震度が高く，災害が発生する恐れがある時は，全員を北側園庭に誘導し，動揺しないように声掛けして，落ち着かせて園児を見守る。園児は保護者のお迎えを待って引き渡すようにする」と定められていた。しかし，毎年行われる地震避難訓練の際にも，園長が危機管理マニュアルを教諭らに配布したり，見せたりすることはなく，送迎に係る訓練や打合せをすることもなかったとされ，主任教諭を除く教諭ら及び運転手らは，危機管理マニュアルの存在を知らず，大地震が発生した際には幼稚園において園児らを保護者らに引き渡すという取扱いが定められていたことを全く知らなかったという。本事案は，危機管理マニュアルの軽視が招いた事故とも言えるだろう。

(2) 災害時の児童引渡しと津波による事故

東日本大震災に伴う津波により，指定避難場所である公立小学校の体育館に避難した住民2名が死亡し，また，校長が児童を災害時児童引取責任者以外の者に引き渡したことにより当該児童が同校より海側の場所で津波により死亡したことについて，遺族が学校設置者である市に対して損害賠償を求めて提訴した事案である。一審（仙台地方裁判所判決平成28年3月24日）が，児童に係る請求のみを認容し，住民2名に係る請求を棄却したところ，これを不服として一審被告（市）及び一審で請求を棄却された原告のうち1名が控訴したが，控訴はいずれも棄却された（仙台高等裁判所判決平成29年4月27日）[*11]。

ここでは，このうち児童に係る部分を取り上げる。小学校3年生で当

*11　その後，上告棄却により控訴審判決が確定している（最高裁判所第二小法廷決定平成30年5月30日）。

時９歳であった亡児童は，本件地震発生時，下校してそろばん教室にいたが，同教室にいた他の児童らとともに本件小学校の体育館に避難した。校長は，体育館において児童の安全管理や見守り等に当たっていたが，体育館に避難していた児童の家族らから児童の引渡しを求められたため，体育館内にいた教諭らに対し，災害時児童引取責任者を記載した名簿をその保管場所である職員室から取り寄せて使用させることなく，児童らの引渡しを受ける者の名前と関係が確認できれば児童らを引き渡してよい旨の指示を出し，この指示を受けた各教諭らが児童らの引渡しを開始した。当該児童は，災害時に児童の引渡しを受ける責任者として登録されていた者以外の者（同級生の親）に引き渡されて，保護者不在の自宅に帰された後，津波に巻き込まれて死亡した。

控訴審判決では，校長が児童を災害時児童引取責任者以外の者に引き渡したという過失の有無が，争点の一つとなった。この点につき判決は，当時９歳でいまだ判断能力が十分とはいえず，自らの判断で不測の危難から自分の身を守ることができない児童について，「特段の事情がない限り，災害時児童引取責任者以外の者に〔亡児童〕を引き渡すことは許され」ないとして，災害時児童引取責任者の引取りがない間は，小学校において児童の「保護を継続すべき義務に違反した過失が認められる」と判示している。

本件小学校における災害時児童引取責任者の登録制度は，県教育委員会が発表した「防災教育基本指針」の記述に基づくものであった。市側は，「防災教育指針はあくまでも「指針」にすぎず，災害時児童引取責任者の制度も災害時の状況にかかわらず本件小学校を拘束するものではない」旨を主張したが，本件小学校は指針に基づき同制度を設け，「保護者に交付した書面においても上記責任者が引き取りに来るまでは学校において児童を預かる旨明記しており，保護者も児童がそのように取り扱われることを当然期待すると考えられること」等を踏まえ，市側の主張を退けている。

以上の２つの事案に共通するのは，学校が災害発生時に自ら策定したルールを実行に移せなかったという点である。災害現場では，混乱した状況下で平時の冷静な判断が難しい。だからこそ，ルールを事前に定めておく意義がある。「第３次学校安全の推進に関する計画」（2022年３月25日閣議決定）が指摘するように，東日本大震災の記憶を風化させることのないよう，危機管理マニュアルの見直しと改善を行うとともに，これを教職員間で共有し，危機事象に備えることが重要である。

3. 学校保健と法

（１） 学校保健とは

学校安全の概念と同様，学校保健とは，学校における「保健教育」と「保健管理」を包括する概念である（文部科学省設置法４条１項12号）。学校における「保健教育」は，主に学習指導要領を踏まえて学校の教育活動全体を通じて実施され，体育科，保健体育科を中心とした各教科や，学級活動等の特別活動等において指導が行われる。一方，学校における「保健管理」は，学校保健安全法等の規定に基づき実施されていくことになる。

以下では，学校における「保健管理」を中心に，学校保健安全法の規定を見ていくことにしたい。

（２） 学校保健安全法における学校保健に関する規定

ア）学校保健に関する学校の設置者の責務

学校の設置者には，「その設置する学校の児童生徒等及び職員の心身の健康の保持増進を図るため，当該学校の施設及び設備並びに管理運営体制の整備充実その他の必要な措置を講ずるよう努める」ことが求められている（4条)。「施設及び設備並びに管理運営体制の整備充実」としては，例えば，保健室の相談スペースの拡充や備品の充実，換気設備や照明の整備，自動体外式除細動器（AED）の設置など物的条件の整備，養護教諭やスクールカウンセラーの適切な配置など人的体制の整備，教職員の資質向上を図るための研修会の開催などが想定されている[*12]。

イ）学校保健計画

学校保健計画とは，「児童生徒等及び職員の心身の健康の保持増進を図るため，児童生徒等及び職員の健康診断，環境衛生検査，児童生徒等に対する指導その他保健に関する事項」について策定する計画のことである（5条)。学校においては，学校保健計画を策定し，実施することが義務付けられている（同条)。作成にあたっては，学校における保健管理と保健教育との調整に留意するとともに，体育，学校給食など関連する分野との関係も考慮して策定する必要がある[*13]。

ウ）学校環境衛生

学校の衛生環境は，児童・生徒の健康や学習能率の向上等に大きな影響を及ぼすことがあり，適切に維持されることが必要となる。その重要性から，環境衛生検査は，学校保健計画に必ず含めるべき事項の一つともなっている。環境衛生検査の基準は，文部科学大臣が定める「学校環境衛生基準」(学校における換気，採光，照明，保温，清潔保持その他環境衛生に係る事項について，児童生徒等及び職員の健康を保護する上で維持されることが望ましい基準）によることとなる（6条1項)。学校の設置者は，学校環境衛生基準に照らしてその設置する学校の適切な

＊12　文部科学省「学校保健法等の一部を改正する法律の公布について（通知)」平成20年7月9日付け20文科ス第522号。

＊13　学校保健・安全実務研究会編著『新訂版　学校保健実務必携（第5次改訂版)』第一法規，2020年，65頁。

環境の維持に努めなければならない（同条２項）。そして，校長は，「学校環境衛生基準に照らし，学校の環境衛生に関し適正を欠く事項があると認めた場合には，遅滞なく，その改善のために必要な措置を講じ，又は当該措置を講ずることができないときは，当該学校の設置者に対し，その旨を申し出る」ものとされている（同条３項）。

エ）健康診断

学校教育法は，「学校においては，別に法律で定めるところにより，幼児，児童，生徒及び学生並びに職員の健康の保持増進を図るため，健康診断を行い，その他その保健に必要な措置を講じなければならない」と定めている（12条）。この規定を受けて，学校保健安全法は，児童・生徒の健康診断について，「学校においては，毎学年定期に，児童生徒等（通信による教育を受ける学生を除く。）の健康診断を行わなければならない」（13条１項）こと，「必要があるときは，臨時に，児童生徒等の健康診断を行うものとする」（同条２項）旨を定めている。13条１項に定める定期の健康診断については，毎学年，６月30日までに行う必要がある（学校保健安全法施行規則５条１項）。学校は，健康診断の結果に基づき，「疾病の予防処置を行い，又は治療を指示し，並びに運動及び作業を軽減する等適切な措置をとらなければならない」（14条）。なお，健康診断は，「学習指導要領（平成29年告示）解説　特別活動編」において，「健康安全・体育的行事」の一つとして示されており，教育活動として実施される一面も持っている。

他方，学校の職員に対する健康診断の実施義務は，学校の設置者に課されており，毎学年定期に行わなければならない（15条１項）。その時期については，「学校の設置者が定める適切な時期に」行うとされている（学校保健安全法施行規則12条）。また，必要があるときは，臨時に行うものとされている（学校保健安全法15条２項）。健康診断の結果に基づき，学校の設置者は，「治療を指示し，及び勤務を軽減する等適切な措置をとらなければならない」(16条)。

上記のほか，学校保健安全法に定める健康診断には，市町村の教育委員会が，翌学年の初めから小学校等に就学させるべき者で，当該市町村の区域内に住所を有するものの就学にあたって行う「就学時健康診断」がある（11条）[*14]。この結果を基に，市町村の教育委員会は，治療の勧告，保健上必要な助言，及び就学義務の猶予・免除又は特別支援学校への就学に関する指導等，適切な措置をとらなければならない（12条)。

オ）健康相談と保健指導

「学校においては，児童生徒等の心身の健康に関し，健康相談を行うもの」とされている（8条)。そして，この健康相談又は児童・生徒の健康状態の日常的な観察により，養護教諭その他の職員は，相互に連携して「保健指導」を行う。すなわち，「児童生徒等の心身の状況を把握し，健康上の問題があると認めるときは，遅滞なく，当該児童生徒等に対して必要な指導を行うとともに，必要に応じ，その保護者……に対して必要な助言を行う」ことになる（9条)。

保健指導に関する規定（9条）は，近年，メンタルヘルスに関する課題やアレルギー疾患等の現代的な健康課題が生ずるなど，児童・生徒の心身の健康問題が多様化・深刻化し，これらの問題に学校が適切に対応することが求められているとして，2008（平成20）年の改正により新設された[*15]。養護教諭を中心に，学校医や学校歯科医，学校薬剤師，担任教員等の関係教職員の協力の下で実施されることになる[*16]。

*14　就学時健康診断の時期については，学校教育法施行令2条の規定により学齢簿が作成された後，翌学年の初めから4か月前までの間に行われる（学校保健安全法施行令1条1項)。

*15　前掲注12。

*16　学校保健安全法において，学校には学校医が必置とされ（23条1項)，大学以外の学校には，学校歯科医及び学校薬剤師が必置とされている（同条2項)。

カ）感染症の予防

学校は，多数の児童・生徒が集団生活を営む場であることから，感染症が発生した場合には，その感染拡大を予防する必要がある。こうした観点から，「校長は，感染症にかかつており，かかつている疑いがあり，又はかかるおそれのある児童生徒等があるときは，政令で定めるところにより，出席を停止させることができる」(19条)。また，「学校の設置者は，感染症の予防上必要があるときは，臨時に，学校の全部又は一部の休業を行うことができる」(20条)。学校において予防すべき感染症の種類は，学校保健安全法施行規則18条１項によって３種類に分類されている（表７－１）。

表７－１　学校において予防すべき感染症の種類

第一種	エボラ出血熱，クリミア・コンゴ出血熱，痘そう，南米出血熱，ペスト，マールブルグ病，ラッサ熱，急性灰白髄炎，ジフテリア，重症急性呼吸器症候群（病原体がベータコロナウイルス属SARSコロナウイルスであるものに限る），中東呼吸器症候群（病原体がベータコロナウイルス属MERSコロナウイルスであるものに限る）及び特定鳥インフルエンザ
第二種	インフルエンザ（特定鳥インフルエンザを除く），百日咳（せき），麻しん，流行性耳下腺炎，風しん，水痘，咽頭結膜熱，新型コロナウイルス感染症（病原体がベータコロナウイルス属のコロナウイルス（令和２年１月に，中華人民共和国から世界保健機関に対して，人に伝染する能力を有することが新たに報告されたものに限る。）であるものに限る。），結核及び髄膜炎菌性髄膜炎
第三種	コレラ，細菌性赤痢，腸管出血性大腸菌感染症，腸チフス，パラチフス，流行性角結膜炎，急性出血性結膜炎その他の感染症

※感染症の予防及び感染症の患者に対する医療に関する法律６条７項～９項までに規定する新型インフルエンザ等感染症，指定感染症及び新感染症は，この表にかかわらず，第一種の感染症とみなす。

出典）学校保健安全法施行規則18条１項・２項を基に作成

4. 学校保健を巡って問題となった事例

最後に，学校の健康診断を巡って訴訟が提起された事案を取り上げる。小学校から高等専門学校までの健康診断で，「脊柱・胸郭」の項目について異常なしとされていた原告が，高等専門学校卒業後に脊柱側弯(そくわん)症の診断を受けたことにつき，各学校在籍中に健康診断を実施した学校医が側弯症の発症を見逃したことにより治療の開始が遅れたとして，学校設置者に対し損害賠償を求めた事案である（秋田地方裁判所判決令和３年２月26日)。

原告は，旧文部省による通達や日本学校保健会作成の「児童生徒の健康診断マニュアル（改訂版)」(平成18年版）の記載を根拠として，学校医には，健診の際に脊柱の検査として原告に前屈させる義務があったにもかかわらずこれを怠った過失があると主張したが，判決はこれを退けた。「学校健診は，健康の保持増進を目的とした健康状態の把握が中心であって，地域の医療機関のように個人を対象とした確定診断を行うものではなく，健康であるか，健康上問題があるか，疾病や異常の疑いがあるかという視点で選び出すスクリーニング（選別）であ」り，「一人の被検査者にかけることができる時間は，せいぜい２分以内であったところ……，上記学校健診の趣旨及び目的に照らしても，それが不相当に短時間であるとはいえない」こと，「本件通達や平成18年マニュアルに記載された側弯症発見のための検査方法は，生徒を上半身裸にした上で相応の手順をかけて行わなければならないもので……生徒のプライバシー等にも配慮しながら限られた時間内に行う必要がある学校の集団健診において，一律に全生徒に対して実施できるとは考え難い方法であり……現に，本件通達や平成18年マニュアルの記載全体を見ても，これらの方法を一律に全生徒に対して実施することを義務付けていると解される記載はない」ことが理由である。最終的に，原告の請求は棄却された。

報道によれば，学校の健康診断で側弯症が見逃されたとしてトラブルになるケースは，他の自治体でも起こっている[*17]。また，側弯症に関する学校健康診断の課題としては，「被患率の地域差が非常に大きいこと」「スクリーニングの方法が統一されていないこと」が指摘されており，一部地域では検査機器を用いた客観的な検診が進められているという[*18]。

学校における集団での健康診断では，１人当たりに割ける時間が限られるとはいえ，児童・生徒にとっては年に一度の大切な健康診断である。何か異常があれば健康診断で発見されるはず，という期待を持つ児童・生徒やその保護者の心情は理解できる。学校健康診断を早期発見・早期治療につなげるためにも，コストとのバランスに配慮しつつスクリーニングの精度を高める努力をしていく必要がある。

参考文献

学校保健・安全実務研究会編著『新訂版　学校保健実務必携（第５次改訂版）』（第一法規，2020）

黒川雅子「学校安全と子どもの事故」内山絵美子・山田知代・坂田仰編著『新訂版　保育者・小学校教員のための教育制度論』（教育開発研究所，2021）

渡邉正樹編著『学校安全と危機管理　三訂版』（大修館書店，2020）

＊17　読売新聞2008年３月27日によれば，大阪府能勢町でも同様の訴訟が提起されるとの報道がある。

＊18　渡辺航太「学校の運動器検診における側弯症検診の課題と今後のアプローチ」『日本医師会雑誌』第150巻第11号，2022年，2006頁。

演習問題

学校保健安全法に関する以下の文章について，妥当なものには○，妥当でないものには×を付し，×を付けたものについては簡単にその理由を記載せよ（条文や裁判例を挙げるのでもよい）。

1．学校安全計画には，①当該学校の施設及び設備の安全点検，②児童・生徒等に対する通学を含めた学校生活その他の日常生活における安全に関する指導，③職員の研修その他学校における安全に関する事項を含める必要がある。

理由：＿＿＿＿＿＿＿＿＿＿＿＿＿＿＿＿＿＿＿＿＿＿＿＿＿＿＿＿

＿＿＿＿＿＿＿＿＿＿＿＿＿＿＿＿＿＿＿＿＿＿＿＿＿＿＿＿

2．学校においては，児童・生徒等の安全の確保を図るため，当該学校の実情に応じて，危険等発生時において当該学校の児童・生徒がとるべき措置の具体的内容及び手順を定めた対処要領（危険等発生時対処要領）を作成する必要がある。

理由：＿＿＿＿＿＿＿＿＿＿＿＿＿＿＿＿＿＿＿＿＿＿＿＿＿＿＿＿

＿＿＿＿＿＿＿＿＿＿＿＿＿＿＿＿＿＿＿＿＿＿＿＿＿＿＿＿

3．学校における児童・生徒の健康診断は毎学年に一度であり，臨時に行われることはない。

理由：＿＿＿＿＿＿＿＿＿＿＿＿＿＿＿＿＿＿＿＿＿＿＿＿＿＿＿＿

＿＿＿＿＿＿＿＿＿＿＿＿＿＿＿＿＿＿＿＿＿＿＿＿＿＿＿＿

4．校長は，感染症の予防上必要があるときは，臨時に，学校の全部又は一部の休業を行うことができる。

理由：＿＿＿＿＿＿＿＿＿＿＿＿＿＿＿＿＿＿＿＿＿＿＿＿＿＿＿＿

＿＿＿＿＿＿＿＿＿＿＿＿＿＿＿＿＿＿＿＿＿＿＿＿＿＿＿＿

5．学校環境衛生基準は文部科学大臣が定める。

理由：＿＿＿＿＿＿＿＿＿＿＿＿＿＿＿＿＿＿＿＿＿＿＿＿＿＿＿＿＿＿

＿＿＿＿＿＿＿＿＿＿＿＿＿＿＿＿＿＿＿＿＿＿＿＿＿＿＿＿＿＿

8　学校事故と法

黒川雅子

《目標＆ポイント》 未成熟な児童・生徒が集う学校では，事故の発生リスクが常に存在している。そして，事故が発生した際，学校，教員の責任論に発展し，被害児童・生徒やその保護者が，学校設置者や教員を相手に訴訟を提起するといった行動に出るケースが増加している。
本章では，学校事故の動向を踏まえた上で，事故を巡って教員に求められる安全配慮義務について概観する。その上で，公立学校における施設，設備の設置管理に着目し，その瑕疵に関わる判断について検討することにしたい。
《キーワード》 学校事故，国家賠償法，安全配慮義務，予見可能性，回避可能性，設置管理の瑕疵

1．学校事故の動向

2021（令和３）年度中に，独立行政法人日本スポーツ振興センターが，負傷・疾病を理由に医療費の給付を行った件数は以下のとおりである（表８－１）。

小学校が294,738件と最も多く，次いで中学校が251,865件，高等学校等が210,547件と校種が上がるにつれて給付件数が少なくなっていることがわかる。また，小学校は，他校種と比較して，学校行事を除いた特別活動中に発生した事故による給付件数が24,215件，休憩時間中に発生した事故に起因する給付件数が139,150件と多くなっていることが特徴的である。これに対し，中学校や高等学校等では，小学校と比較して課外指導[*1]で発生している事故による給付件数が非常に多いことがわかる。

表8－1　学校種別，場合別件数

区　分	学校の管理下の範囲								
	合　計	各教科等	特別活動		課外指導	休憩時間	寄宿舎にあるとき	技能連携授業中	通学中
			除学校行事	学校行事					
小学校	294,738	97,545	24,215	6,139	2,011	139,150	45	—	25,633
中学校	251,865	83,083	5,696	8,865	115,267	27,989	151	—	10,814
高等学校等	210,547	53,531	1,702	10,714	122,359	8,260	404	9	13,568

※1　高等学校等には，中等教育学校の後期課程及び特別支援学校の高等部，高等専修学校（1976〈昭和51〉年に制度化した専修学校のうち，中学卒業者を入学対象とする課程のこと）を含む。

出典）独立行政法人日本スポーツ振興センター『学校の管理下の災害［令和4年版］』を基に作成

独立行政法人日本スポーツ振興センターによれば，中学校，高等学校等において，課外指導中に発生した事故により給付が行われた件数のほとんどは，「体育的部活動」中に発生した事故によるものとされている。

2. 安全配慮義務

未成熟な存在である児童・生徒が集う学校において行われる活動には，不可避的に事故発生のリスクが存在する。しかし，だからといって，教育活動中に児童・生徒が負傷することを「仕方がない」とはいえない。

教員は，学校における教育活動により生ずるおそれのある危険から児童・生徒を保護すべき義務を負っている（最高裁判所第二小法廷判決昭和62年2月6日）。いわゆる「安全配慮義務」と呼ばれるものであり，この義務は，在学関係により生ずると考えられている。それゆえ，教員

＊1　災害共済給付制度上の課外指導は，教育課程外活動における指導とイコールではない。学習指導要領上の教育活動には含まれない「教育課程外活動」の代表的なものとして「部活動」が存在するが，同制度上では，教育課程外活動に位置する「部活動」のみならず，学習指導要領に基づく教育活動である「林間学校」や「臨海学校」「夏休み中の水泳指導」「生徒指導」等も含めて「学校の教育計画に基づく課外指導」に分類している。

は，児童・生徒の安全確保に努めることが，教育実践の当然の前提と考える必要がある。

文部科学省は，学校に対し，危険をいち早く発見して事故の発生を未然に防ぐことを求めている*2。この役割を果たすために教員に求められる安全配慮義務の具体的内容を検討する際重要となるのが，予見可能性と回避可能性という2つの考え方である。「事故による損害の発生が予見できたか否か（予見可能性）と，その損害を回避できたか否か（回避可能性）」を指す概念である*3。

例えば，小学校において，体育の授業でサッカーをしていたところ，運動場に設置されていたフットサルのゴールポストが転倒し，児童がその下敷きになって死亡した事案が存在する（福岡地方裁判所久留米支部判決令和4年6月24日）。この事案では，同様のゴールポストの転倒による死亡事故が既に生じていたこと等を受けて，校長は，「事故の発生について容易に予見できた」とされ，「小学校の安全点検担当教員や点検担当の教員をして，本件ゴールポストの固定状況について点検し，本件ゴールポストの左右土台フレームに結束されたロープと鉄杭を結ぶ方法などによって固定しておくべき注意義務」を怠った過失が認められている。

一方，事故発生の危険性を予想（予見）することができなかったとされる場合もある。例えば，小学生が教室内で床に落ちた自分のベストを拾い頭上で振り回した結果，ベストのファスナー部分がクラスメイトの目に当たり当該児童が負傷したという事案では，ベストを頭上で振り回す直前までの児童の行動は自然なものであり，特段危険なものではなかったから，他の児童らに応対していた担任において，児童の動静を注視し，その行動を制止するなどの注意義務があったとはいえず，児童が

*2　文部科学省「学校事故対応に関する指針」（平成28年3月）5頁。
*3　岩橋健定「学校事故と法Ⅱ」坂田仰編著『学校と法』放送大学教育振興会（2012年）94頁。

ベストを頭上で振り回すというような危険性を有する行為に出ることを予見すべき注意義務があったともいえないとして，担任の児童に対する安全確保又は指導監督についての過失が否定されている（最高裁判所第二小法廷判決平成20年４月18日）。

3. 学校の管理下

教員が，児童・生徒の安全確保に努めるに当たり，安全配慮義務が課せられるのは，児童・生徒が「学校の管理下」にいる間である。しかし，安全配慮義務が課せられる「学校の管理下」については，法令により明文でその範囲が示されているわけではない。では，「学校の管理下」とは，具体的にどのように考えればよいであろうか。

この点については，先に述べた独立行政法人日本スポーツ振興センターの災害共済給付[*4]における学校の管理下の範囲が参考となる。災害共済給付制度では，学校の管理下の範囲は以下の６つとされている[*5]。

第一に，学校が編成した教育課程に基づく授業を受けている場合である。各教科（科目），道徳，自立活動，総合的な学習（探究）の時間，幼稚園における保育中，特別活動中（児童・生徒会活動，学級活動，ホームルーム，クラブ活動，儀式，学芸会，運動会，遠足，修学旅行，大掃除など）がこれに当たる。

第二に，学校の教育計画に基づく課外指導を受けている場合である。具体的には，部活動，林間学校，臨海学校，夏休みの水泳指導，生徒指導，進路指導などの時間がここに該当する[*6]。

＊4　災害共済給付は，学校設置者が保護者等の同意を得て，独立行政法人日本スポーツ振興センターとの間に災害共済給付契約を結び，保護者と学校設置者が共済掛金を支払うことにより行われる。

＊5　独立行政法人日本スポーツ振興センター法施行令５条２項，独立行政法人日本スポーツ振興センターに関する省令26条を参照。

＊6　前掲注１を参照。

第三に，休憩時間，その他校長の指示又は承認に基づいて学校にいる場合である。始業前，業間休み，昼休み，放課後の時間がこれに当たる。

第四に，通常の経路及び方法により通学する場合である。登校中や下校中がここに含まれる。

第五に，学校外で授業等が行われるとき，その場所，集合・解散場所と住居・寄宿舎との間の合理的な経路，方法による往復中である。学校が鉄道の駅で集合（いわゆる現地集合），解散（いわゆる現地解散）を指示した場合の駅と住居との間の往復中などの時間がこれに当たる。

第六に，学校の寄宿舎で児童・生徒が過ごしているときである。

災害共済給付制度上の「学校の管理下」と，教員に安全配慮義務が求められる「学校の管理下」の範囲は常にイコールの関係ではない。しかし，教員に求められる安全配慮義務を検討するに当たり，上記６つを理解しておくと，児童・生徒が過ごす学校生活と密接な関係性にある時間の具体的イメージをつかむ際に有用であろう。

4. 児童・生徒の安全確保を巡る責任

では，児童・生徒の安全確保を巡り，学校設置者，教員の責任が追及される場合，どのような責任が課されることになるのであろうか。以下では，学校設置者，教員が追及される可能性のある責任について概観する。

第一に，刑事責任である。体罰であれば，暴行罪（刑法208条），傷害罪（同法204条），学校事故であれば，業務上過失致死傷罪（同法211条）等の刑事責任が追及される場合がある。なお，刑事上の責任については，公立学校教員，私立学校教員ともに，教員個人が負うことになる。

第二に，民事上の責任である。金銭の支払いを中核とする，いわゆる損害賠償責任である[*7]。

この点，故意又は過失がある違法な行為（不法行為）によって，他人に損害を生じさせた者は，当該損害を賠償する責任を負うとされている（不法行為責任，民法709条）。私立学校の教員が学校事故によって児童・生徒に対し損害を生じさせた場合は，これに従い，教員個人が損害賠償責任を負う可能性がある。

また，私立学校の設置者（学校法人等）の責任が問われるケースも存在する。この場合，設置者自らが不法行為を行ったわけではないため，理論上，直接的には不法行為責任を負うということはない。しかし，「被用者がその事業の執行について第三者に加えた損害を賠償する責任を負う」とする民法715条１項の存在に留意する必要がある。「主として，使用者が被用者の活動によつて利益をあげる関係にあることに着目し，利益の存するところに損失をも帰せしめるとの見地から，被用者が使用者の事業活動を行うにつき他人に損害を加えた場合には，使用者も被用者と同じ内容の責任を負うべきものとしたもの」である（最高裁判所第二小法廷判決昭和63年７月１日）。つまり，私立学校の設置者は教員が担う教育活動により利益を得ていることから，設置者は，損失も負担すべき（報償責任）と考えられており，教員の不法行為により児童・生徒が負傷するなどの損害を被った場合には，民法715条１項本文に従い，使用者責任が追及されることがある。実際には，この規定に基づき，学校法人等の民事上の責任が問われるケースが多い（使用者による代位責任[*8]）。

これに対し，公立学校の場合は，先に述べた不法行為責任の原則が修

＊7　金銭による損害賠償の他，実際には，謝罪や謝罪文の公開等を求められる場合もある。

＊8　使用者による代位責任については，条文上，使用者が被用者の選任及びその事業の監督について相当の注意をしたとき，又は相当の注意をしても損害が生ずべきであったときは，この限りでないと規定されているが（民法715条１項ただし書），実際にこの規定により使用者が免責される場合は極めて少ない。

正されている。日本国憲法17条は，国民に対し，公立学校教員も含まれる公務員の不法行為により損害を受けたときは，「法律の定めるところにより，国又は公共団体に，その賠償を求めることができる」としている。ここで言う「法律」に当たるのが国家賠償法である。同法では，「国又は公共団体の公権力の行使に当る公務員が，その職務を行うについて，故意又は過失[*9]によつて違法に他人に損害を加えたときは，国又は公共団体が，これを賠償する責に任ずる」（1条1項）とされている。

したがって，公立学校教員については，児童・生徒が学校の管理下にいる間に教員の故意又は過失により違法に児童・生徒に損害を与えた場合，教員個人ではなく，学校設置者や給与負担者[*10]である地方公共団体が教員に代わって責任を果たすことになる（代位責任）。最高裁判所は，公立学校教員個人にかかる民事上の責任の在り方について，「請求は，被上告人等の職務行為を理由とする国家賠償の請求と解すべきであるから，国または公共団体が賠償の責に任ずるのであつて，公務員が行政機関としての地位において賠償の責任を負うものではなく，また公務員個人もその責任を負うものではない」としている（最高裁判所第三小法廷判決昭和30年4月19日）。ただし，国家賠償法は，公務員に故意又は重大な過失があつたときは，国又は地方公共団体は，その公務員に対して求償権を有する（1条2項）としており，学校設置者や給与負担者であ

＊9　民法における不法行為の領域では，一般に故意とは，権利侵害という結果の発生を認識しながら，あえて直接権利侵害に向けられた行為をすることを指す。また，過失とは，権利侵害回避のために法秩序が命ずる一定の注意義務に違反することを指す。国家賠償法1条における故意，過失についても，ほぼ同じ定義が該当するが，「公権力の行使は国民の権利・利益の侵害を許容されていることが多いから，権利・利益の侵害を意識していただけでは足りず，原則として，違法性の予見可能性ないし認識を必要とするものと解すべき」とされている。西埜章『国家賠償法コンメンタール第2版』勁草書房（2014年）495頁参照。

＊10　国家賠償法上，「国又は公共団体が損害を賠償する責に任ずる場合において，公務員の選任若しくは監督又は公の営造物の設置若しくは管理に当る者と公務員の俸給，給与その他の費用又は公の営造物の設置若しくは管理の費用を負担する者とが異なるときは，費用を負担する者もまた，その損害を賠償する責に任ずる」（3条1項）とされている。

る地方公共団体が代位責任を果たした後に，教員個人に求償することを認めている点に注意を払う必要がある。

このように，私立学校教員が不法行為を行った場合は，教員個人が賠償責任を負うとする原則が，私立学校の設置者も一定の要件の下で使用者責任を負うとする修正が図られている。また，公立学校教員が不法行為を行った場合については，国家賠償法や先に述べた最高裁判所第三小法廷判決昭和30年４月19日によって，教員個人が賠償責任を負うのではなく，地方公共団体が代位責任を果たすとする修正がなされていることに留意する必要がある[*11]。

第三に，懲戒処分である（詳細は第14章を参照）。公立学校教員については，①地方公務員法若しくは第57条に規定する特例を定めた法律又は条例等に違反した場合，②職務上の義務に違反し，又は職務を怠った場合，③全体の奉仕者たるにふさわしくない非行のあった場合に該当した場合，懲戒処分の対象となり得る（地方公務員法29条１項）。したがって，児童・生徒の安全確保という職務に関連し，上記①から③のいずれかに該当すると判断された場合は，懲戒処分が教員個人に科される場合が出てくる。なお，私立学校教員の場合，学校法人が定める就業規則に従い，懲戒処分が科されることがある。

5．科学的知見とガイドライン

（1）　科学的知見に基づく判断

日頃から教員が児童・生徒の安全確保に努めるためには，事故防止に向けた適切な対応を臨機応変に行うことが必要となる。教育活動中に，児童・生徒が置かれる状況が変化する例としては，天候の急変があげら

＊11　私立学校の設置者に対しては，報償責任という視点から使用者による代位責任が求められており，公立学校の設置者に対しては，公務員により損害を受けた者を救済するという観点から代位責任が求められているという差異があるといえる。

れる。教育活動中に天候が急変することは，しばしば起きるものであるが，このような場合，教員は，どのようにして児童・生徒の安全確保に努めることが求められるのだろうか。

高等学校の課外のクラブ活動の一環としてサッカー大会に参加していた生徒が落雷を受けて負傷し，民事上の責任が問われた事案がある（最高裁判所第二小法廷判決平成18年３月13日）。この事案において最高裁判所判決は，事故発生前の３年間において落雷における死傷事故が全国で毎年５件から11件発生し，毎年３人から６人が死亡していたこと，落雷事故を予防するための注意に関して，文献上の記載が多く存在していた点を指摘した上で，落雷事故が発生する直前の頃には，「運動広場の南西方向の上空には黒く固まった暗雲が立ち込め，雷鳴が聞こえ，雲の間で放電が起きるのが目撃されていた」ことから，雷鳴が大きな音ではなかったとしても，サッカー部の引率者兼監督であった教員は，「落雷事故発生の危険が迫っていることを具体的に予見することが可能であったというべきであり，また，予見すべき注意義務を怠ったものというべき」としている。

さらに，「たとえ平均的なスポーツ指導者において，落雷事故発生の危険性の認識が薄く，雨がやみ，空が明るくなり，雷鳴が遠のくにつれ，落雷事故発生の危険性は減弱するとの認識が一般的なものであったとしても左右されるものではない。なぜなら，上記のような認識は，……当時の科学的知見に反するものであって，その指導監督に従って行動する生徒を保護すべきクラブ活動の担当教諭の注意義務を免れさせる事情とはなり得ない」とした。

判決の考え方に従うならば，教員は，自らの経験に基づき児童・生徒の安全確保に努めたとしても，それだけでは安全配慮義務を十分に果たしたとはいえないことになる。科学的知見に基づき危険を予見した上で，それを回避するための措置を講ずるよう努めなければならないことに留意する必要があろう[*12]。

(2) ガイドライン等の重視

また，事故の防止や児童・生徒の安全確保に関わっては，文部科学省，スポーツ庁，及び関係団体から発せられている通知やガイドライン（以下，ガイドライン等とする。）の存在にも注意する必要がある。例えば，熱中症に関連しては，文部科学省は，毎年度，熱中症事故の防止についての依頼を発し[*13]，学校に熱中症事故防止に努めるよう求めている[*14]。学校や教員は，ガイドライン等[*15]にも目を向け，その内容に基づき行動することが，安全配慮義務の中核となることを忘れてはならない。

例えば，公立中学校のバドミントン部に所属していた生徒が，練習中に熱中症に罹患し，脳梗塞を発症した事故事案においては，事故当時，部活動に関わる指導教諭及びこれを指導する校長は，部活動中の生徒の生命，身体の安全確保に配慮すべき義務の一環として，生徒の熱中症発症を予防すべく，公益財団法人日本体育協会[*16]が作成している「熱中症予防のための運動指針」に準拠し，その趣旨を踏まえて熱中症予防策を

＊12　科学的知見に基づく対応については，坂田仰「学校事故の危機管理―科学的，標準的手続の確立」日本女子大学大学院家政学研究科『樹下道：家政学専攻研究』第11号（2019年），2－8頁に詳しい。

＊13　本稿執筆時点においては，文部科学省「学校教育活動等における熱中症事故の防止について（依頼）」（令和5年4月28日付け5教参学第6号）が発せられている。

＊14　2021（令和3）年5月には，環境省と文部科学省の連名で「学校における熱中症対策ガイドライン作成の手引き」が公表されている。

＊15　学校や教員が把握しておくべき主たるガイドライン等としては，スポーツ庁「水泳等の事故防止について（通知）」（令和5年4月27日付け5ス庁第215号），文部科学省「落雷事故の防止について（依頼）」（平成30年7月20日付け30初健食第15号），文部科学省「学校における転落事故等の防止について」（平成22年4月15日付け22ス学健第1号）がある。

＊16　2018（平成30）年4月1日に日本体育協会から日本スポーツ協会へと名称を変更している。

とるべき法的義務を負っていたと解するのが相当とした（大阪地方裁判所判決平成28年５月24日）。判決が提示した，「熱中症予防のための運動指針」では，熱中症を予防することを目的としてアメリカで提案された指標である暑さ指数（WBGT（湿球黒球温度）：Wet Bulb Globe Temperature）が使用されている。WBGT は，運動環境を示したものであり，28以上で激しい運動は中止すべき「厳重警戒」，31以上で「運動は原則中止」とすべきとしていた[*17]。

学校事故の発生に当たり，教員，学校設置者による損害賠償責任の有無については，教員の安全配慮義務違反の有無，学校施設，設備の設置管理の瑕疵の有無（次節参照）などが問題とされるのであって，理論上はガイドライン等に違反したからといって直ちに責任を負うというものではない[*18]。だが，ガイドライン等は，専門的な知見に基づき学校事故を防止，回避するために必要とする基準が示されているものといえる。それゆえ，ガイドライン等に示されている内容を理解した上で，児童・生徒の安全確保に努めることが重要といえるだろう[*19]。

6. 施設，設備の設置管理を巡る責任

最後に，学校事故が公立学校の施設・設備の不具合により生じた場合における，学校設置者の責任について検討を行う。国家賠償法は，「道

＊17　日本スポーツ協会 HP「熱中症予防のための運動指針」https://www.japan-sports.or.jp/medicine/heatstroke/tabid922.html（最終アクセス2023年８月11日）を参照されたい。

＊18　小美野達之「学校事故と法」坂田仰編著『三訂版　学校と法─「権利」と「公共性」の衝突』放送大学教育振興会（2020年）142頁。

＊19　幼稚園のお泊まり保育で実施した川遊び中に発生した事故事案では，公益財団法人河川財団子どもの水辺サポートセンターが編集・発行していた「水辺の安全ハンドブック」によって，河川の状況把握の注意点を困難なく知ることができたとして，幼稚園を運営していた学校法人や園長の安全配慮義務違反が認められている（松山地方裁判所西条支部判決平成30年12月19日）。

路，河川その他の公の営造物の設置又は管理に瑕疵があつたために他人に損害を生じたときは，国又は公共団体は，これを賠償する責に任ずる」と規定している（２条１項）。公立学校の施設や学校で使用する器具は，ここで言う「公の営造物」に含まれると解される。

公の営造物の設置又は管理の瑕疵とは，「営造物が通常有すべき安全性を欠き，他人に危害を及ぼす危険性のある状態をいい」（最高裁判所第一小法廷判決昭和59年１月26日），公の「営造物の設置又は管理に瑕疵があつたとみられるかどうかは，当該営造物の構造，用法，場所的環境及び利用状況等諸般の事情を総合考慮して個別具体的に判断すべき」と考えられている（最高裁判所第三小法廷判決昭和53年７月４日）。

公の営造物の設置又は管理の瑕疵の有無を検討するに当たり，例えば，公立中学校で清掃中，自在ほうきをスティック代わりにして生徒らがホッケー遊びをしていた際，強く振り回したほうきの柄から先端部分が外れ，それが飛んで一人の生徒の左眼に当たり傷害を負うとする事案が参考となる（東京高等裁判所判決平成５年８月31日）。

この事案において判決は，担任が，事故発生前から生徒らが清掃中にホッケー遊びをしていることを知っていたことから，「営造物である自在ほうきの設置管理者において，自在ほうきが清掃に使用されるだけでなく，毎日の清掃の過程で生徒がふざけ合ってときには振り回されたり，乱暴に投げ出されたり，あるいは本件のように教師の目を盗んで清掃以外の遊びに使われ，振り回されるなどしてそこに相当の衝撃が加えられることがあることも充分予測できた」と指摘する。その上で，ほうきの「先端部分と柄の部分を結ぶねじが相当程度緩んでいるなどして，外部からの衝撃により先端部分が柄から外れやすい状態になっており，衝撃の加え方によっては柄から外れた先端部分が飛び，周囲の人間や器物にぶつかってそれに損傷を与える危険性があったものと推認されるから，本件ほうきは通常有すべき安全性を欠いていたといわざるを得」ないとし，自在ほうきの設置又は管理に瑕疵があったとしている。それゆえ，学校設置者は，日常的な児童・生徒の使用状況を踏まえ，施設，設備，学校に置かれている器具等の安全確認を行い，通常有すべき安全性が確保されるよう配慮することが求められるといえよう。

7．おわりに

児童・生徒は，学校での教育活動を通じ，様々な経験を積みながら成長していく。この過程において，教員は，安全配慮義務の存在を前提に事故の発生防止に努めなければならない。その際，事故の要因となり得る危険性の有無を考え，危険性が見いだされた際には，事故の発生という結果を回避する措置を講ずる，という一連の対応が鍵を握ることに留意する必要がある[*20]。

なお，事故発生の要因を考えるに当たっては，児童・生徒の行動や特性を考慮することが重要である。発達段階に応じてとるであろう行動や，児童・生徒が個別に抱える特性を理解している教員だからこそ，予見することが可能であったと考えられる場合が存在することも見落としてはならない。

＊20　学校設置者や学校が学校事故の防止及び事故後の適切な対応に取り組むに当たり，前掲注２，文部科学省「学校事故対応に関する指針」（平成28年３月）が参考となる。

参考文献

小美野達之「学校事故と法」坂田仰編著『三訂版 学校と法―「権利」と「公共性」の衝突』(放送大学教育振興会, 2020)

岩橋健定「学校事故と法Ⅰ」「学校事故と法Ⅱ」坂田仰編著『改訂版 学校と法―「権利」と「公共性」の衝突』(放送大学教育振興会, 2016)

藤岡康宏・磯村保・浦川道太郎・松本恒雄『民法Ⅳ　債権各論〔第5版〕』(有斐閣, 2023)

黒川雅子「学校事故裁判の量的変化の動向と校種別特徴―災害共済給付の状況を中心として」『スクール・コンプライアンス研究』第1号(2013年)78-86頁

演習問題

以下の文章について,妥当なものには○,妥当でないものには×を付し,×を付けたものについては簡単にその理由を記載せよ(条文や裁判例を挙げるのでもよい)。

1．教員に安全配慮義務が課される「学校の管理下」の範囲については,学校保健安全法に定義が存在する。

理由：＿＿＿＿＿＿＿＿＿＿＿＿＿＿＿＿＿＿＿＿＿＿＿＿＿＿＿＿

＿＿＿＿＿＿＿＿＿＿＿＿＿＿＿＿＿＿＿＿＿＿＿＿＿＿＿＿

2．公立学校教員が,児童・生徒が学校の管理下にいる間,教員の故意又は過失により違法に児童・生徒に損害を与えてしまった場合は,民法に従い,教員個人が損害賠償責任を負うことが原則となる。

理由：＿＿＿＿＿＿＿＿＿＿＿＿＿＿＿＿＿＿＿＿＿＿＿＿＿＿＿＿

＿＿＿＿＿＿＿＿＿＿＿＿＿＿＿＿＿＿＿＿＿＿＿＿＿＿＿＿

3．学校事故に起因し，教員の刑事上の責任が追及される場合，公立学校教員であっても，私立学校教員であっても教員個人の責任が追及されることになる。

理由：＿＿＿＿＿＿＿＿＿＿＿＿＿＿＿＿＿＿＿＿＿＿＿＿＿＿＿＿

＿＿＿＿＿＿＿＿＿＿＿＿＿＿＿＿＿＿＿＿＿＿＿＿＿＿＿＿

4．公立学校の施設や学校で使用する器具は，国家賠償法２条１項に規定する「公の営造物」に含まれると解される。

理由：＿＿＿＿＿＿＿＿＿＿＿＿＿＿＿＿＿＿＿＿＿＿＿＿＿＿＿＿

＿＿＿＿＿＿＿＿＿＿＿＿＿＿＿＿＿＿＿＿＿＿＿＿＿＿＿＿

5．独立行政法人日本スポーツ振興センター『学校の管理下の災害［令和４年版]』によれば，中学校，高等学校等においては，課外指導中における事故による負傷・疾病を理由に同センターから医療費の給付が行われた件数のほとんどは，「生徒指導」中に発生した事故によるものとされている。

理由：＿＿＿＿＿＿＿＿＿＿＿＿＿＿＿＿＿＿＿＿＿＿＿＿＿＿＿＿

＿＿＿＿＿＿＿＿＿＿＿＿＿＿＿＿＿＿＿＿＿＿＿＿＿＿＿＿

9　体罰と法

川　義郎

《目標&ポイント》 体罰は，古くから存在する学校病理の一つである。しかしながら，体罰は明治時代から法令で禁止されていたにもかかわらず，現在に至るまで，いまだ根絶されたとはいえない。もっとも2012（平成24）年の大阪市立桜宮高等学校体罰自死事件以降，体罰の発生件数は減少してきたものといえる。

本章では，法制度と現実の乖離が著しいとされる体罰について，関連する教員による有形力の行使とその限界とを併せて，法や裁判例の変遷に着目しつつ検討する。

《キーワード》 体罰禁止法制，有形力の行使，許される体罰，体罰判例

1．体罰禁止法制の歴史

（1）　法令による体罰の禁止

体罰禁止に関する最初の法令の規定は，1879（明治12）年に太政官布告として公布された教育令46条である。同条は，「凡学校ニ於テハ生徒ニ体罰（殴チ或ハ縛スルノ類）ヲ加フヘカラス」（ふりがなは筆者）と定め，体罰を禁止するとともに，体罰の内容について，殴打又は緊縛行為の類いと定めていた。そして，1890（明治23）年に勅令として公布された小学校令63条も，「小学校長及教員ハ児童ニ体罰ヲ加フルコトヲ得ス」として体罰を禁止していた。

このように，明治時代から体罰は法令によって禁止されていた。ということは，当時から体罰が行われていたことが推測されるともいえる。

戦後には，1947（昭和22）年，学校教育法が制定され，多少の文言の修正はあるものの，同法11条が現在「校長及び教員は，教育上必要があると認めるときは，文部科学大臣の定めるところにより，児童，生徒及び学生に懲戒を加えることができる。ただし，体罰を加えることはできない」と定めるとおり，現在に至るまで体罰を禁止している。

（２）体罰の内容

学校教育法11条の定め方からすると，体罰とは懲戒権の行使の一態様であり，ただし書きによって禁止されているということができる。この「体罰」の具体的内容，すなわち何が体罰に当たるかということについては，前掲の教育令46条に「殴チ或ハ縛スルノ類」として行為の具体例が挙げられていたのみで，解釈に委ねられている[*1]。

行政解釈では，体罰とは「懲戒の内容が身体的性質のものである場合を意味する。すなわち（１）身体に対する侵害を内容とする懲戒―なぐる・けるの類―がこれに該当することはいうまでもないが，さらに（２）被罰者に肉体的苦痛を与えるような懲戒もまたこれに該当する。たとえば端坐[*2]・直立等，特定の姿勢を長時間にわたって保持させるというような懲戒は体罰の一種と解せられなければならない」[*3]とされるとともに，「特定の場合が（２）の意味の「体罰」に該当するかどうかは，機械的に判定することはできない。たとえば，同じ時間直立させるにしても，教室内の場合と炎天下または寒風中の場合とでは被罰者の身体に対する影響が全くちがうからである。それ故に，当該児童の年齢・健康・場所的および時間的環境等，種々の条件を考え合わせて肉体的苦

＊1　体罰という用語が当時の日本人にとってはあまりなじみのないものであったため，元老院における審議過程で説明のために註が挿入されたという。河内祥子「体罰」黒川雅子・山田知代編著『生徒指導・進路指導』学事出版（2014年）41頁。

＊2　端坐とはいわゆる正座のことである。

＊3　「児童懲戒権の限界について」昭和23年12月22日付け調査２発18国家地方警察本部長官・厚生省社会局・文部省学校教育局あて法務庁法務調査意見長官回答。

痛の有無を制定しなければならない」とされていた。いずれにしても，有形力の行使については，懲戒権行使の場面として許される懲戒権の行使か，又は「体罰」に当たり許されない懲戒権の行使か，として考えられていたといえる。

文部科学省は，2007（平成19）年，「問題行動を起こす児童生徒に対する指導について（通知）」の別紙「学校教育法第11条に規定する児童生徒の懲戒・体罰に関する考え方」*4において，体罰についての考え方を表明した。すなわち，「児童生徒への指導に当たり，学校教育法第11条ただし書にいう体罰は，いかなる場合においても行ってはならない」ことを前提として，「教員等が児童生徒に対して行った懲戒の行為が体罰に当たるかどうかは，当該児童生徒の年齢，健康，心身の発達状況，当該行為が行われた場所的及び時間的環境，懲戒の態様等の諸条件を総合的に考え，個々の事案ごとに判断する必要がある」とし，「個々の懲戒が体罰に当たるか否かは，単に，懲戒を受けた児童生徒や保護者の主観的な言動により判断されるのではなく」，上記の「諸条件を客観的に考慮して判断されるべきであり，特に児童生徒一人一人の状況に配慮を尽くした行為であったかどうか等の観点が重要である」とした。

なお，これだけでは基準として不明確であることから，文部科学省は，この時点では「児童生徒に対する有形力（目に見える物理的な力）の行使により行われた懲戒は，その一切が体罰として許されないというものではな」いとして，懲戒権の行使として一定の有形力の行使を認めるとともに，「授業中，教室内に起立させる」などの行為について，有形力の行使以外の懲戒権の行使として，体罰に当たらないとの解釈を示した。

しかし，2012（平成24）年12月，後述する大阪市立桜宮高等学校体罰自死事件が起きたことを受け，2013（平成25）年３月，文部科学省は，「体罰の禁止及び児童生徒理解に基づく指導の徹底について（通知）」

＊4　平成19年２月５日付け18文科初第1019号。

を発し，前掲平成19年通知と同様の考え方を示しつつ，懲戒権の行使として一定の有形力の行使が認められたとする裁判例の紹介は削除し，「懲戒，体罰に関する解釈・運用については，今後，本通知によるもの」とした[*5]。

(3) 裁判例の状況

学校教育法の施行後，体罰の刑事責任を認めたリーディングケースといわれる裁判例（大阪高等裁判所判決昭和30年5月16日[*6,*7]）では，小学校の教員2名が児童に対し頭部を1回拳又は平手でたたいたという事案について，「傷害の結果を生ぜしめるような意思を以てなされたものではなく，またそのような強度のものではなかつた」としても，学校教育法11条において，「殴打のような暴行行為は，たとえ教育上必要があるとする懲戒行為としてでも，その理由によつて犯罪の成立上違法性を阻却せしめるというような法意であるとは，とうてい解されない」と判示して，懲戒行為における暴行行為は体罰に当たるものとして違法であるとした。

これに対し，東京高等裁判所判決昭和56年4月1日[*8]は，中学校の教員である被告人が生徒に対し，「言葉で注意を与えながら，同人の前額部付近を平手で1回押すようにたたいたほか，右手の拳を軽く握り，手の甲を上にし，もしくは小指側を下にして自分の肩あたりまで水平に上げ，そのまま拳を握り下ろして同人の頭部をこつこつと数回たたいた」という事案において，「有形力の行使と見られる外形をもった行為は学校教育上の懲戒行為としては一切許容されないとすることは，本来学校教育法の予想するところではない」とするとともに「学校教育法の禁止

＊5　平成25年3月13日付け24文科初第1269号。
＊6　高等裁判所刑事判例集8巻4号545頁。
＊7　市川多美子「最高裁判例解説平成21年度（上）」408頁以下，ジュリスト1438号88頁。
＊8　判例タイムズ442号163頁。

する体罰とは要するに，懲戒権の行使として相当と認められる範囲を越えて有形力を行使して生徒の身体を侵害し，あるいは生徒に対して肉体的苦痛を与えることをいうものと解すべきであって，教育基本法，学校教育法その他の関係諸法令にうかがわれる基本的な教育原理と教育指針を念頭に置き，更に生徒の年齢，性別，性格，成育過程，身体的状況，非行等の内容，懲戒の趣旨，有形力行使の態様・程度，教育的効果，身体的侵害の大小・結果等を総合して，社会通念に則り，結局は各事例ごとに相当性の有無を具体的・個別的に判定するほかはない」と判示し，懲戒権の行使として一定の有形力を行使することを許容した。

また，有形力の行使に関しては，小学２年の男児が背後からでん部付近を２回蹴って逃げ出したことに立腹した教員が，当該児童を追いかけて捕まえ，当該児童の胸元の洋服を右手でつかんで壁に押し当て，大声で「もう，すんなよ。」と叱った事例について，原判決（福岡高等裁判所判決平成20年２月26日）が，「①胸元を掴むという行為は，喧嘩闘争の際にしばしばみられる不穏当な行為であること，②当該児童の年齢，当該児童と教員との身長差及び教員と当該児童とはそれまで面識がなかったこと等を総合すれば，当該児童が教員の行為によって被った恐怖心は相当なものであったと推認されること，③教員は，逃げる当該児童を捕まえるために当該児童の胸元を掴んだものであるが，当該児童を捕まえるためであれば，当該児童の手を掴むなどのより穏当な方法によることも可能なはずであり，あえて胸元を掴む必要はないこと等を総合すれば，教員の行為は，社会通念に照らし教育的指導の範囲を逸脱するものであり，学校教育法11条ただし書により全面的に禁止されている教員の生徒に対する「体罰」に該当する行為であると認めるのが相当である」[*9]としたのに対し，最高裁判所は原判決を破棄し，「教員の本件行為は，児童の身体に対する有形力の行使ではあるが，他人を蹴るという当

＊9　判例地方自治319号13頁。

該児童の一連の悪ふざけについて，これからはそのような悪ふざけをしないように当該児童を指導するために行われたものであり，悪ふざけの罰として当該児童に肉体的苦痛を与えるために行われたものではないことが明らかである。教員は，自分自身も当該児童による悪ふざけの対象となったことに立腹して本件行為を行っており，本件行為にやや穏当を欠くところがなかったとはいえないとしても，本件行為は，その目的，態様，継続時間等から判断して，教員が児童に対して行うことが許される教育的指導の範囲を逸脱するものではなく，学校教育法11条ただし書にいう体罰に該当するものではない」とした（最高裁判所第三小法廷判決平成21年４月28日[＊10]）。

2．有形力の行使について

体罰禁止法制及び裁判例の状況からすると，教員から児童・生徒に対する有形力の行使については，次のように考えることができる。

①懲戒権の行使である罰としての有形力の行使は，体罰として禁止される（学校教育法11条ただし書，前掲大阪高等裁判所判決，前掲最高裁判所判決）。

②例外的に，懲戒権の行使として一定の有形力を行使することは許容される（前掲東京高等裁判所判決）。

③教育的指導における有形力の行使は，その目的，態様，継続時間等から判断して，教員が児童に対して行うことが許される教育的指導の範囲であれば，不法行為法（国家賠償法）上違法ではない（前掲最高裁判所判決）。

なお，当然のことながら，④教員自身の生命・身体に対する危害を避けるための正当防衛，又は他の教員若しくは児童・生徒等の第三者の生

＊10　最高裁判所民事判例集63巻４号904頁。

命・身体に対する危害を防止するための緊急避難に当たる場合には違法性が阻却される。

このうち，②については，前掲東京高等裁判所判決が出された時期が，1981（昭和56）年という校内暴力が全国的に発生していたという時代背景を併せて考えると*11，例外的に許容される体罰については限定的に解すべきである。

また，文部科学省の平成25年通知では，「正当な行為（通常，正当防衛，正当行為と判断されると考えられる行為）」として同じカテゴリーに分類されている正当防衛と正当行為については，確かに違法性を阻却する行為という法的な意義では同様であるものの，正当防衛は教育には関係なく当然認められる行為であるのに対し，正当行為は，上記③のとおり教育的指導の一環として許容される行為であるから，別異に扱う方が理解しやすいものと考えられる（図９-１）。

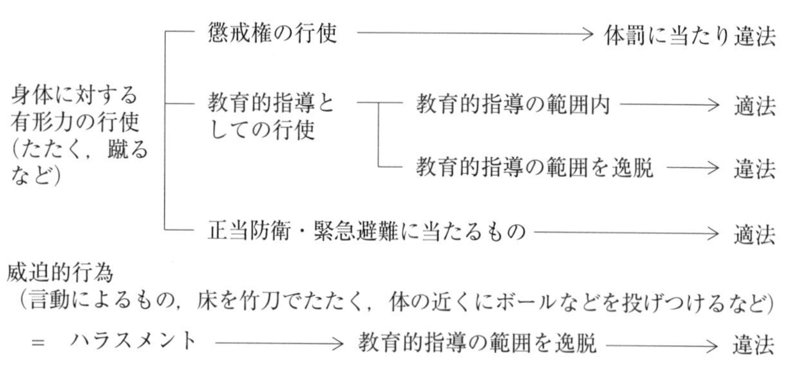

図９-１　有形力の行使と威迫的行為の分類

*11　生徒から威嚇された教員がナイフで生徒を刺すという東京都町田市立忠生中学事件が起きたのは，1983（昭和58）年２月15日であった。

3. 体罰の状況

2012（平成24）年の大阪市立桜宮高等学校体罰自死事件を受けて，文部科学省は，翌2013（平成25）年８月，2012（平成24）年度に発生した体罰の状況を公表した[*12]。同年度の発生件数は，公立学校で5,415件であり，体罰時の状況においては，授業中が最も多く（33.2％），次に部活動が多かった（30.0％）。場所は，教室が最も多く（36.4％），次に運動場・体育館が多かった（34.3％）。

その後，文部科学省は，2019（令和元）年度の体罰の状況について，状況を公表した[*13]。それによると，発生件数は550件と約10分の１に激減し，体罰時の状況においては授業中の割合が高まり（47.3％），運動場・体育館の割合が低下した（18.9％）。場所も，教室の割合が上昇し（46.0％），運動場・体育館の割合が低下した（24.7％）。この傾向は，コロナ禍による学校活動への影響があったと考えられる2021（令和３）年度においてもほぼ変わらなかった（発生件数は343件とさらに低下した。）[*14]。

この傾向の変化は，部活動に関し，文部科学省スポーツ庁が2018（平成30）年に策定した「運動部活動の在り方に関する総合的なガイドライン」及び「文化部活動の在り方に関する総合的なガイドライン」を統合した上で全面的に改定し，2022（令和４）年12月，新たに「学校部活動

＊12　「体罰に係る実態把握の結果（第２次報告）について」（https://www.mext.go.jp/a_menu/shotou/seitoshidou/__icsFiles/afieldfile/2013/08/09/1338569_01_2_1.pdf）（最終アクセス2023年１月30日）。

＊13　「令和元年度公立学校教職員の人事行政状況調査について」「２－３－１．体罰に係る懲戒処分等の状況（教育職員）」（https://www.mext.go.jp/content/20201222-mxt_syoto01-000011607_18.pdf）（最終アクセス2023年１月30日）。

＊14　「令和３年度公立学校教職員の人事行政状況調査について」「２－３－１．体罰に係る懲戒処分等の状況（教育職員）」（https://www.mext.go.jp/content/20230116-mxt-syoto01-000026693_02_03_01.pdf）（最終アクセス2023年１月30日）。

及び新たな地域クラブ活動の在り方等に関する総合的なガイドライン」を策定する[*15, *16]などの政策が奏功したことのほか，スマートフォン及びSNSの普及により，悪質な体罰や許容範囲を逸脱した有形力の行使を伴う指導が明るみに出やすくなったことによるものといえる。

4．体罰及びハラスメントの防止について

体罰を含む教員の児童・生徒に対する有形力の行使については，上述のとおり，懲戒権の行使であれば体罰として違法であるし，教育的指導だとしても，その範囲を逸脱すれば違法である。これらの認識は，2012（平成24）年以降の10年間で相当程度一般化したものといえ，前述の文部科学省の調査にみるとおり，体罰の発生件数が約10分の１まで減少したものといえる。もっとも，児童・生徒の人格を傷つける行為（ハラスメント）については，その実態は必ずしも明らかではなく，裁判例等でその一部が垣間見えるに過ぎない。

そもそも，体罰を行う教員の心理の根底には，学級や部活動に関わる児童・生徒を支配したいという欲求があり，その手段として，竹刀でたたくなどの有形力の行使を用いるものといえる。また，「お前はだめなヤツだ」「ついてこれないなら辞めてしまえ」といった人格を攻撃する言動によるハラスメントにおいても同様に，支配欲求の表れとみられるものが多い。さらに，部活動では，顧問教員が，有形力の行使や威迫的言動といった違法な指導方法を用いることにより全国大会などで結果を出すと，同じ部の児童・生徒や保護者から支持が集まることによりその指導方法に対する承認がなされてしまい，当該顧問教員がその違法な指

＊15　https://www.mext.go.jp/sports/content/20221227-spt_oripara-000026750_2.pdf（最終アクセス2023年１月30日）。

＊16　この中では，体罰と並んで「ハラスメント（生徒の人格を傷つける行動）」が「いかなる場合も許されない」とされている。

導方法を改めることに対するモチベーションが低下してしまう。すなわち，当該顧問教員にとっては，違法な指導方法によって結果が出ている以上，それを行わなければ結果を出せないのではないか，さらにはもっと厳しい指導を行えばもっと結果が出るかもしれないという発想に陥ることが考えられる。

また，異動をすることなく同じ学校に長く勤務し，部活動で実績を積み重ねている顧問教員に対しては，その部で活躍してより上のステージに進むことを目指して生徒が集まることとなり，そのような生徒と保護者による支持を受ける結果，途中から着任する管理職によるコントロールが不能となる事案も見受けられる[*17]。これを防止するためには，当該教員を異動させることが最も有効ではあるものの，公立学校では，異動を行うべき教育委員会においてもその教員を支持する者が少なからず存在し（私立学校では異動自体困難である。），結局「首に鈴をつける」ことは事実上困難であるといわざるを得ない。

このように，自浄能力を発揮することができない学校において，現時点で最も有効であると考えられるのがSNSやインターネットによる情報の拡散である[*18]。これに対しては，都合の悪い情報が明るみに出ることを恐れる教員が，密告者捜し，口封じ又は口裏合わせに出ることが見受けられることから，体罰やハラスメントに苦しむ児童・生徒を救うために，教育委員会と社会とが一体となって，速やかな手立てを講じることが望まれる。

---

*17　生活のほぼ全てがその部活動に関わることとなる上，生徒を護る立場にある保護者がその顧問教員を支持しているとなると，生徒には逃げ場がないといえる。

*18　残念ながら，独裁国家に対するレジスタンスと本質的には変わらないといわざるを得ない。これに対抗するには，「開かれた学校」を実現するほかない。

5. 参考裁判例

(1) 前橋地方裁判所判決平成24年 2 月17日

県立高等学校に在学中，所属していた女子バレー部の顧問教員から竹刀でたたくなどの暴行（本件暴行）を受けた女性が，群馬県等を被告として国家賠償法１条１項に基づく損害賠償請求を行った事案で，裁判所は，「本件暴行のいずれの際においても，原告には，懲戒事由に該当するような行為があったとは認めることができないこと」，顧問教員「自身も気合いを入れるためなどの目的で行ったと述べていることに照らすと，本件暴行は，懲戒としてではなく，本件バレー部の部活動の指導の一環として行われたということができる」として，慰謝料として143万円の支払いを認めた。

(2) 東京地方裁判所判決平成28年 2 月24日（大阪市立桜宮高等学校体罰自死事件）

大阪市立高等学校のバスケットボール部の顧問教諭から継続的な暴行や威迫的言動等の行為を伴う指導を受けていた生徒が自殺した場合において，顧問教諭の当該行為が不法行為に該当するとして，生徒の父母と兄が大阪市を被告として慰謝料請求をした事案で，裁判所は次のとおり判示するなどして，合計約7,500万円の慰謝料請求を認めた。

「学校教育法の規定等に鑑みると，教員の生徒等に対する体罰は，教育上の必要性に基づく指導を目的とするものであっても，法的に許容される懲戒の範囲を逸脱するものとして，暴行としての違法性を阻却されるものではないというべきである。そして，学校教育法11条ただし書にいう体罰は，同条本文の懲戒として生徒等の非違行為を前提として行われる有形力の行使（狭義の体罰）を指すものと解されるが，生徒等の非違行為を前提とする懲戒には当たらない教員の指導の過程において，教員の指導に対する生徒等の対応がそれ自体は非違行為に当たるものではないが教員の意に沿わない場合にこれに対する制裁等（教員の意に沿う対応の強制や指導の効果の強化を目的とするものを含む。以下同じ。）として行われる有形力の行使（広義の体罰）も，同条ただし書の趣旨等に鑑み，法的に許容される指導の範囲を逸脱するものとして，暴行としての違法性を阻却されるものではないと解するのが相当である」。

「したがって，教員の生徒等に対する指導の過程における有形力の行使（上記の狭義又は広義の双方を含意するものとしての体罰。以下の体罰は同義）は，すべからく，教育上の指導として法的に許容される範囲を逸脱したものとして，不法行為法上違法と評価される（暴行としての違法性を阻却されるものではない）ものというべきである。このことは，体罰が運動部の活動における指導の際に行われたものであっても異なるものではなく，また，仮にいわゆる強豪校と称される学校の運動部において指導の過程で体罰が一定程度行われているという実情が事実上あったとしても，そのことによって，体罰が法的に許容され得る（暴行としての違法性を阻却される）ものと解する余地はなく，体罰に該当する有形力の行使が不法行為法上違法と評価されるという法的な判断は何ら左右されるものではないというべきである」。

参考文献

黒川雅子「学校における体罰と法」坂田仰編著『学校と法』（放送大学教育振興会, 2012）
河内祥子「体罰」黒川雅子・山田知代編著『生徒指導・進路指導』（学事出版, 2014）
坂田仰「学校における体罰と法」坂田仰編著『改訂版　学校と法―「権利」と「公共性」の衝突』（放送大学教育振興会, 2016）

演習問題

以下の文章について，妥当なものには○，妥当でないものには×を付し，×を付けたものについては簡単にその理由を記載せよ（条文や裁判例を挙げるのでもよい）。

1．体罰禁止規定は，戦後，学校教育法の制定に伴い初めて明文で定められた。

理由：＿＿＿＿＿＿＿＿＿＿＿＿＿＿＿＿＿＿＿＿＿＿＿＿＿＿＿＿

＿＿＿＿＿＿＿＿＿＿＿＿＿＿＿＿＿＿＿＿＿＿＿＿＿＿＿＿

2．学校教育法施行規則は体罰の定義を定めている。

理由：＿＿＿＿＿＿＿＿＿＿＿＿＿＿＿＿＿＿＿＿＿＿＿＿＿＿＿＿

＿＿＿＿＿＿＿＿＿＿＿＿＿＿＿＿＿＿＿＿＿＿＿＿＿＿＿＿

3．教員が児童又は生徒に対して行った有形力の行使が体罰に当たるか否かについては，関係した教員等からの聞き取りのみならず，児童又は生徒や保護者からの聞き取りや，必要に応じて第三者の協力を得るなど，事実関係の正確な把握に努めることが必要である。

理由：＿＿＿＿＿＿＿＿＿＿＿＿＿＿＿＿＿＿＿＿＿＿＿＿＿＿＿＿＿

＿＿＿＿＿＿＿＿＿＿＿＿＿＿＿＿＿＿＿＿＿＿＿＿＿＿＿＿＿

4．教員による児童・生徒に対する有形力の行使が正当防衛と認められる場合であっても，児童・生徒に痛み等の苦痛を与える内容であれば体罰に該当することがある。

理由：＿＿＿＿＿＿＿＿＿＿＿＿＿＿＿＿＿＿＿＿＿＿＿＿＿＿＿＿＿

＿＿＿＿＿＿＿＿＿＿＿＿＿＿＿＿＿＿＿＿＿＿＿＿＿＿＿＿＿

5．大阪市立桜宮高等学校体罰自死事件以降に実施された文部科学省の調査によれば，体罰の件数が約10分の１に低下しているほか，部活動における体罰の割合も低下している。

理由：＿＿＿＿＿＿＿＿＿＿＿＿＿＿＿＿＿＿＿＿＿＿＿＿＿＿＿＿＿

＿＿＿＿＿＿＿＿＿＿＿＿＿＿＿＿＿＿＿＿＿＿＿＿＿＿＿＿＿

10 いじめ問題と法

黒川雅子

《目標＆ポイント》 いじめ問題は，古くから存在する生徒指導上の課題である。しかし，その対応については，いじめ防止対策推進法制定以降，教育学を軸とした従来の対応だけではなく，いじめ防止対策推進法に則した法的視点からの対応をも含めて実践していくことが重要になっている。

そこで，本章では，教育委員会や学校がいじめ問題に向き合うに当たり理解しておくことが求められる，いじめ防止対策推進法について概説する。その上で，いじめに関わる裁判例を扱い，教育委員会や学校がとるべき対応の在り方について検討することにしたい。

《キーワード》 いじめ防止対策推進法，いじめ防止基本方針，いじめ判例，生徒指導，ネットいじめ

1．いじめ防止対策推進法の制定といじめの定義

いじめ防止対策推進法は，2013（平成25）年に制定されたいじめ問題に特化した法律である。同法制定の契機となったのは，2011（平成23）年に発生した滋賀県大津市いじめ自殺事件であった。この事件を受けて，2013（平成25）年２月に教育再生実行会議[*1]は，「いじめ問題等への対応について」（第１次提言）を発表し，「社会総がかりでいじめに対峙し

＊1　2013（平成25）年１月，安倍内閣（当時）が教育改革を推進する必要があるとして，21世紀の日本にふさわしい教育体制を構築し，教育の再生を実行に移していくことを掲げ設置したものである（閣議決定「教育再生実行会議の開催について」平成25年１月15日）。なお，岸田内閣は，教育再生実行会議を廃止し，教育再生実行会議が行った検討等は引き継ぐとした上で，教育と社会の接続の多様化，柔軟化を推進する必要があるとの認識の下，教育未来創造会議を設置している（閣議決定「教育未来創造会議の開催について」令和３年12月３日）。

ていくための法律の制定」の必要性を提言した。2013（平成25）年６月28日に制定された「いじめ防止対策推進法」は，その結実点といえる。いじめが，いじめを受けた児童・生徒の教育を受ける権利を著しく侵害し，その心身の健全な成長及び人格の形成に重大な影響を与えるのみならず，その生命又は身体に重大な危険を生じさせるおそれがあるものであることに鑑み，児童・生徒の尊厳を保持するため，いじめの防止等[*2]のための対策を総合的かつ効果的に推進することを目的とした法律である（１条)。

同法は，いじめを児童・生徒に対して，当該児童・生徒が在籍する学校[*3]に在籍している等当該児童・生徒と一定の人的関係[*4]にある他の児童・生徒が行う心理的又は物理的な影響[*5]を与える行為（インターネットを通じて行われるものを含む。）であって，当該行為の対象となった児童・生徒が心身の苦痛を感じているものと定義しており（２条１項)，いじめを受けたとする児童・生徒の「主観的判断」を重視している（主観主義)。ただ，いじめられていても児童・生徒本人が否定する場合があることを踏まえ，当該児童・生徒の表情や様子を観察するなどして確認をすることが必要とされている点に留意する必要がある[*6]。

なお，児童・生徒同士の対面による直接的な行為のみならず，イン

＊2　いじめの防止等とは，いじめ防止対策推進法上，いじめの防止，いじめの早期発見及びいじめへの対処を指す。

＊3　いじめ防止対策推進法において学校とは，学校教育法１条に規定するいわゆる１条校のうち，小学校，中学校，義務教育学校，高等学校，中等教育学校及び特別支援学校（幼稚部を除く。）を指している（２条２項)。

＊4　学校の内外を問わず，同じ学校・学級や部活動の児童・生徒や，塾やスポーツクラブ等当該児童・生徒が関わっている仲間や集団（グループ）など，当該児童・生徒と何らかの人的関係を指す（文部科学省「いじめの防止等のための基本的な方針」(平成25年10月11日文部科学大臣決定，最終改定平成29年３月14日）５頁)。

＊5　ここでいう物理的な影響とは，身体的な影響のほか，金品をたかられたり，隠されたり，嫌なことを無理矢理させられたりすることなどを意味する（前掲注４，５頁)。

＊6　前掲注４，５頁。

ターネットを通じた行為により，特定の児童・生徒に対して心身の苦痛を与える行為，いわゆるネットいじめも生徒指導上の課題となっている。いじめ防止対策推進法は，このインターネットを通じた間接的な行為も，「いじめ」の定義に含まれることを明示している。

いじめ防止対策推進法制定以降のいじめの認知件数の推移は以下のとおりである（図10－1[*7]）。校種別に見ると，小学校の増加が著しいことがわかる。

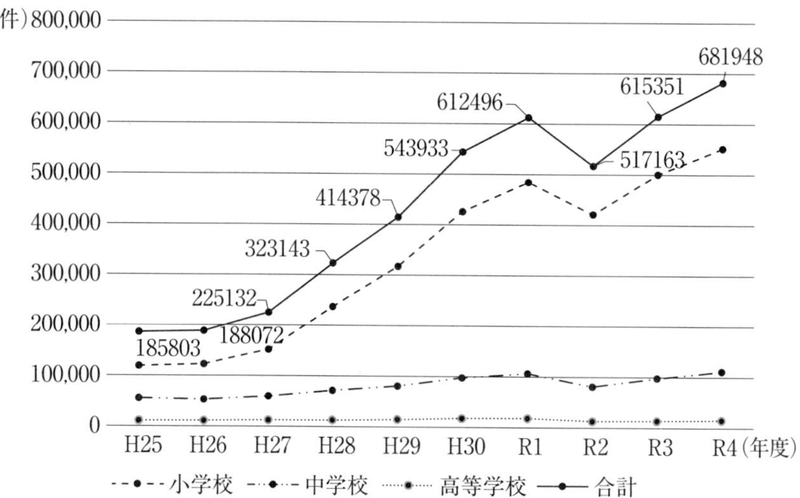

出典）文部科学省「令和４年度　児童生徒の問題行動・不登校等生徒指導上の諸課題に関する調査」を基に作成

図10－1　いじめの認知件数の推移

*7　2013（平成25）年度の調査結果については，当該年度途中でいじめ防止対策推進法が制定されていることに留意する必要がある。

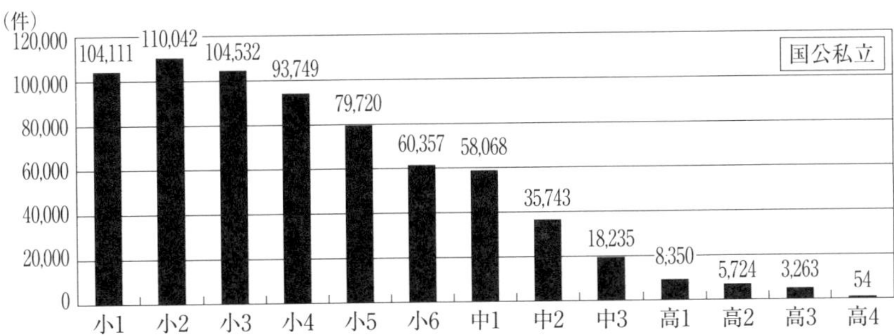

出典）文部科学省「令和４年度　児童生徒の問題行動・不登校等生徒指導上の諸課題に関する調査」

図10－2　学年別いじめの認知件数（令和４年度結果）

2022（令和４）年度における学年別のいじめの認知件数（図10－2）は，小学校２年生が110,042件と最も多くなっており，次いで小学校３年生が104,532件，小学校１年生が104,111件とこれに続く。小学校４年生から高等学校３年生までは学年が上がるにつれて認知件数が減少している。児童・生徒の成長発達を踏まえると，行為の内容，頻度，程度を問わず，受けた行為について，何らかの心身の苦痛を表出しやすい小学校１年生から３年生といった低学年におけるいじめの認知件数が，全体の46.7%とほぼ半数を占める状況となっていることに注意を払う必要があるだろう。

2. いじめ防止基本方針

いじめの防止等のための対策を総合的かつ効果的に推進するためには，対応の基本的な方向性が明確になっていることが望ましい。この点に関わって，いじめ防止対策推進法は，文部科学大臣に対し，いじめ防止基本方針を定めるよう求めている（11条）。この方針には，①いじめの防止等のための対策の基本的な方向に関する事項，②いじめの防止等のための対策の内容に関する事項，③その他いじめの防止等のための対策に関する重要事項を含めることとされており，原稿執筆時点では，「いじめの防止等のための基本的な方針」（平成25年10月11日文部科学大臣決定，最終改定平成29年３月14日，以下「国のいじめ防止基本方針」とする）がこれに当たる。

また，地方公共団体は，地方いじめ防止基本方針を策定する努力義務[*8]を負う（12条）。地方公共団体が地方いじめ防止基本方針を策定するに当たっては，国のいじめ防止基本方針を参酌すること，地域の実情に応じたものにすることが必要である。努力義務となっているものの，47都道府県全てで既に策定されているほか，全国の市町村（政令指定都市を含む）においても，策定率は98.3％に達している[*9]。

他方，学校は，学校いじめ防止基本方針を策定するものとされている（13条）。学校いじめ防止基本方針の策定に当たっては，国のいじめ防止基本方針及び地方いじめ防止基本方針を参酌すること，及び学校の実情に応じたものとするよう留意することが求められている。

3. いじめ防止対策推進法に基づく対応

次に，いじめ防止対策推進法に基づき学校が行うべき対応について概観する。第一に，いじめの防止を目指した対応である（未然防止）。学校の設置者及びその設置する学校は，児童・生徒の豊かな情操と道徳心を培い，心の通う対人交流の能力の素地を養うことがいじめの防止に資

＊8　規定されていることが実現するよう，当事者の自発的行動を促す内容となっており，努力することが義務付けられる規定のことをいう。

＊9　文部科学省「令和４年度児童生徒の問題行動・不登校等生徒指導上の諸課題に関する調査結果」（令和５年10月４日）51頁。

することを踏まえ，全ての教育活動を通じた道徳教育及び体験活動等の充実を図ることが求められている（15条１項）。

第二に，いじめの早期発見のための対応である。学校の設置者及びその設置する学校は，当該学校に在籍する児童・生徒に対する定期的な調査その他の必要な措置を講ずることが求められている（16条１項）。定期的な調査の具体例としては，アンケート調査や聴き取り調査，教員と児童・生徒間の連絡ノートが考えられる。また，教員による日常的な観察や教育相談週間の設定などが，その他の必要な措置に含まれることになる。早期発見を行うためには，児童・生徒が日頃からいじめを訴えやすい雰囲気をつくることが重要となるだろう[*10]。

第三に，いじめ問題に対応する校内組織の整備である。学校は，いじめの防止等に関する措置を実効的に行うため，複数の教職員，心理，福祉等に関する専門的な知識を有する者その他の関係者により構成されるいじめの防止等の対策のための組織を置くものとされている（22条）。いわゆる，校内いじめの防止等の対策組織である。この組織は常設で置かれるものであり，国のいじめ防止基本方針は，教職員の代表に加えて，可能な限り，同条の「心理，福祉等に関する専門的な知識を有する者」として，心理や福祉の専門家であるスクールカウンセラー，スクールソーシャルワーカー，弁護士，医師，警察官経験者等の外部の専門家を当該組織に参画させ，実効性のある人選を行うことを求めている。ただし，この組織を実際に機能させるに当たり，適切に外部の専門家の助言を得つつも機動的に運用できるよう，構成員全体で行う会議と関係教職員で日常的に行う会議の役割分担を行っておく等，学校の実情に応じた組織活用の在り方になるような工夫も必要だとしている[*11]。

第四に，いじめへの対処である。児童・生徒からいじめに係る相談を

＊10　前掲注４，別添２「学校における「いじめの防止」「早期発見」「いじめに対する措置」のポイント」５頁。

＊11　前掲注４，28頁。

受けた学校の教職員や保護者等は，いじめの事実があると思われるとき，いじめを受けたと思われる児童・生徒が在籍する学校への通報その他の適切な措置をとるものとされている（23条1項）。そして学校は，学校に何らかのいじめに係る情報が入ってきた場合には，まず事実確認を行い，学校設置者にその結果の報告を行う必要がある（23条2項）。事実確認の結果，いじめがあったことが明らかになった場合，いじめをやめさせ，及びその再発を防止するため，当該学校の複数の教職員によって，心理，福祉等に関する専門的な知識を有する者の協力を得つつ，いじめを受けた児童・生徒又はその保護者を「支援」するとともに，いじめを行った児童・生徒を「指導」し，その保護者には「助言」を行うことになる（23条3項）*12。ここでいう，「支援」「指導」「助言」は，「継続的」に行うものとされていることを見落としてはならない。

また，いじめが犯罪行為として取り扱われるべきものであると認める場合には，学校は，所轄警察署と連携してこれに対処することが求められる。当該学校に在籍する児童・生徒の生命，身体又は財産に重大な被害が生じるおそれがあるときは，連携するレベルを超えたと考え，学校は，直ちに所轄警察署に通報し，適切に，警察署の援助を求めて対応していかなければならない（23条6項）。滋賀県大津市いじめ自殺事件以降，警察と連携したいじめ問題への対応がより強調されるようになっていることに留意する必要がある*13。

この点について，文部科学省は，「いじめ問題への的確な対応に向け

＊12　学校がいじめ防止対策推進法に従い，「支援」「指導」「助言」を行うに当たっては，2つの点に留意することが必要となる。第一に，必要に応じて，いじめを行った児童・生徒をいじめを受けた児童・生徒が使用する教室以外の場所において学習を行わせる等，いじめを受けた児童・生徒やその他の児童・生徒が安心して教育を受けられるようにするために必要な措置を講ずることである（23条4項）。第二に，いじめを受けた児童・生徒の保護者といじめを行った児童・生徒の保護者との間で争いが起きることのないように，いじめの事案に係る情報をこれらの保護者と共有するための何らかの措置を講ずることである（23条5項）。

た警察との連携について（通知）」（平成31年３月29日付け30文科初第1874号）を公にし，教育委員会や学校が，いじめ防止対策推進法の趣旨及び同法に規定された警察の役割について改めて認識するとともに，主体的に警察と連携・協力し，いじめ対応の取り組みを進めていくことの必要性を示している[＊14, ＊15]。

他方，警察庁は，文部科学省と協議の上，各都道府県警察の長などに対して，「学校におけるいじめ問題への的確な対応について（通達）」（平成31年３月８日付け警察庁丙少発第13号）を公にしている[＊16]。そこでは，いじめ事案を把握した場合，事案の重大性及び緊急性，被害児童・生徒及びその保護者の意向，学校等の対応状況等を踏まえつつ，捜査又は調査を尽くした上での事件化や通告など，警察として積極的かつ適切に対処することが示されている。

4. いじめ重大事態

いじめ防止対策推進法は，２条１項で定義したいじめとは別に，「いじめ重大事態」というカテゴリーを設けている。「いじめ重大事態」とは，次の２つのいずれか，あるいは双方に該当する場合を指す。第一に，

＊13　事件発生の翌年には，犯罪行為の可能性のある児童・生徒の問題行動について，警察と連携・協力した対応を求める通知が発せられている（文部科学省「犯罪行為として取り扱われるべきと認められるいじめ事案に関する警察への相談・通報について（通知）」平成24年11月２日付け24文科初第813号等）。

＊14　本通知の発出に伴い，「いじめ問題への的確な対応に向けた警察との連携について（通知）」（平成25年１月24日付け24文科初第1074号）は廃止となった。

＊15　2023（令和５）年，犯罪に相当するいじめ事案については直ちに警察に相談・通報を行い，適切な援助を求めなければならないこと等，児童・生徒へのいじめ問題を巡る取組の徹底を求める通知が発せられている。文部科学省「いじめ問題への的確な対応に向けた警察との連携等の徹底について（通知）」（令和５年２月７日付け４文科初第2121号）。

＊16　この通達により，「学校におけるいじめ問題への的確な対応について」（平成25年１月24日付け警察庁丙少発第１号）は廃止されている。

いじめにより当該学校に在籍する児童・生徒の生命，心身又は財産に重大な被害が生じた疑いがあるときである。国のいじめ防止基本方針では，これに該当する例として，児童・生徒が自殺を企図した場合，身体に重大な傷害を負った場合，金品等に重大な被害を被った場合，精神性の疾患を発症した場合の４つが示されている*17。

第二に，いじめにより当該学校に在籍する児童・生徒が相当の期間学校を欠席することを余儀なくされている疑いがあるときである*18。国のいじめ防止基本方針は，「相当の期間」について，不登校の定義を踏まえ，年間30日を目安としている。ただし，児童・生徒が一定期間連続して欠席しているような場合には，この目安にかかわらず，学校設置者又は学校の判断により，迅速に調査に着手することが必要とされている点を見落としてはならない*19。

いじめ重大事態が発生した場合，学校の設置者又はその設置する学校は，当該重大事態に対処するとともに，同種の事態の発生防止に資するため，速やかに，当該学校の設置者又はその設置する学校の下に組織を設け，事実関係を明確にするための調査を行う必要がある（28条１項）。文部科学省は，いじめ重大事態に関わり「子供の自殺が起きたときの背景調査の指針（改訂版）」（平成26年７月），「不登校重大事態に係る調査の指針」（平成28年３月），「いじめの重大事態の調査に関するガイドライン」（平成29年３月）を公表している。教育委員会や学校は，いじめ重大事態事案が発生した際には，これら指針やガイドラインに則した対応をとることが求められる。

国のいじめ防止基本方針は，いじめ重大事態調査を学校が行う場合は，いじめ防止対策推進法22条に基づき設置されている組織（いわゆる，校内いじめの防止等の対策組織）を母体としつつ，当該事案の性質に応じ

---

*17　前掲注４，32頁。

*18　文部科学省は，この重大事態を「不登校重大事態」としている。

*19　前掲注４，32頁。

て適切な専門家を加えるなどの方法によって，また，公立学校における調査において，学校の設置者が調査主体となる場合は，いじめ防止対策推進法14条３項の教育委員会に設置される附属機関を調査を行うための組織とすることも考えられるとしている[*20]。

なお，学校の設置者又は設置する学校は，いじめ重大事態の調査を行った場合，いじめを受けた児童・生徒及びその保護者に対し，調査に係る重大事態の事実関係など必要な情報を適切に提供することが求められていることに留意する必要がある（28条２項）。

5. いじめ問題を巡る教育委員会や学校の法的責任

では，いじめ問題を巡る教育委員会や学校（以下，学校側とする。）の法的責任はどのように考えるべきだろうか。

学校側は，在学関係に伴う付随義務として，当該学校の児童・生徒に対する信義則上の安全配慮義務を負い，その義務に違反した場合には当該児童・生徒に対する損害賠償責任を負う（第８章参照）。そして，学校内外におけるいじめにより生じる危険の防止は，ここでいう安全配慮の対象となる（広島地方裁判所福山支部判決令和３年５月19日）。また，いじめの存在を確認した場合，学校側は，いじめを受けた児童・生徒の安全を確保するとともに，再発を防止するために，いじめを行った児童・生徒に対する事情聴取等適切な調査をした上で所要の措置をとるべき注意義務を負うことを忘れてはならない（那覇地方裁判所判決令和３年１月20日）。

学校側が，いじめ問題を巡る法的責任を果たすに当たっては，まず，いじめをどのように捉えるべきかという点についての基本的理解を図っておくことが重要となる。この点，被害生徒に対してクラスの生徒と数

＊20　前掲注４，34頁。

名の教員により行われた葬式ごっごに対する評価が第一審判決と控訴審判決で分かれた中野富士見中学校いじめ事案が参考となる。第一審判決（東京地方裁判所判決平成３年３月27日）では，葬式ごっごは「ひとつのエピソードであるに過ぎない」と，不法行為となり得るいじめ行為としての判断がなされなかった。しかし，控訴審判決（東京高等裁判所判決平成６年５月20日）は，「精神的に大きな衝撃を受けなかったはずはないというべきであるから，〔葬式ごっこ〕はいじめの一環と見るべき」として，判断を一転させた。被害生徒に対する一つ一つの加害行為の程度等に応じて，その被害を「点」で理解しようとするか，「いじめの一環である」というように，「線」で捉えようとするかによりいじめの認定に違いが生じたものといえる。学校側は，いじめ問題と向き合うに当たり，いじめ行為の「連続性」という特性に目を向けることが必要となる[*21]。

次に，対応方法についての理解が必要となる。いじめの訴えに対して，学校側がいかなる対応をとるかは，「一義的に定まるものではなく，いじめの重大性等に応じ，事実の確認の方法，いじめをした〔児童・生徒〕への指導の方法，他の〔児童・生徒〕への説明，保護者との意思疎通の在り方などの諸点において」，学校側の裁量に委ねられるものといえる。また，「実際に執られたいじめの防止策や指導の方法が完全さを欠いたとしても，それ故に直ちに……違法となるというべきではなく，問題となったいじめの悪質性と頻度，身体の苦痛又は財産上の損失を与える行為の有無及び内容などの諸点に照らして，明らかに不十分な対応しか執られていないと認められる場合に，安全配慮義務違反が肯定されることになると解することが相当」と考えられている（名古屋地方裁判所判決平成25年１月31日）。学校側は，いじめ問題への対応について法的責任を果たすという意味において，いじめ防止対策推進法や文部科学

＊21　坂田仰「いじめ問題と学校の法的責任」坂田仰編著『法律・判例で考える生徒指導』学事出版（2004年）38-51頁。

省から発せられているガイドライン等に鑑み,「明らかに不十分」という指摘を受けることがないよう，対応していくことが求められる。

いじめ防止対策推進法が施行されて以降，いじめ防止対策推進法に則した対応の有無により，学校側がとった対応の妥当性の判断が分かれるケースが存在している。いじめ問題への対応方法について，学校側にある程度裁量の余地があるにしても，①加害児童に強く指導する，②加害児童の保護者に家庭での指導を促す，③加害児童と被害児童が接触しないようにする，④被害児童の訴えを真摯に聞いて精神的に支える，⑤他の児童が被害児童を支援するよう仕向ける，⑥保護者に報告をする，などのいじめ防止対策推進法23条に基づく措置をとるべきであったのに，それを怠ったと指摘された事案が存在する（東京高等裁判所判決令和３年６月３日)。学校側は，いじめ問題に対応するに当たり，いじめ防止対策推進法23条に規定される内容を踏まえることを意識しなければならないといえる。

また，部員とのトラブルで登校できなくなっていた生徒の欠席日数が30日に及んでいたにもかかわらず,「重大事態と位置づけた上での網羅的な調査を行わなかった」として，学校側の義務違反が指摘された事案も存在している（さいたま地方裁判所判決令和３年12月15日)。学校側がこのような指摘を受けた要因は，いじめ防止対策推進法上の不登校重大事態の定義や国のいじめ防止基本方針に示されている不登校重大事態の捉え方に関して理解していなかったことにある。それゆえ，いじめ防止対策推進法に則した対応をとるまでに至らなかったという学校側の課題が露呈したものと評価できる。

いじめ問題は，生徒指導上の課題として長きにわたり存在しており，学校側は，教育学視点に立った対応については経験を有している。しかし，いじめ防止対策推進法が施行されて以降，学校側は,「法に基づく対応」という新たな視点を持つことが重要になっている。経験に基づく対応に終始するのではなく，いじめ防止対策推進法や文部科学省から発せられているいじめ問題に関わる指針やガイドラインの内容に則した対応をとる姿勢が求められているといえるだろう。

いじめ問題への対応を巡っては，被害児童，被害生徒，その保護者が希望する対応と，学校側がとった対応との間で意見の衝突が起こり得る。日頃から，学校側が，いじめ防止対策推進法や指針及びガイドラインといった根拠に基づく対応に努めていれば，仮に意見が衝突しても，対応の根拠を提示しながら説明することが可能になる。今後，学校側が，こうした対応に努めることが，より一層重要となっていくものと考えられる。

6. いじめ問題を巡る保護者の責任

いじめ防止対策推進法は，保護者の責務について，保護者は，子の教育について第一義的責任を有するものであって，その保護する児童・生徒がいじめを行うことのないよう，当該児童・生徒に対し，規範意識を養うための指導その他の必要な指導を行うよう努めるものとするとしている（９条１項）。教育基本法上の保護者が，「子の教育について第一義的責任を有する」という規定を受け，同法における「生活のために必要な習慣を身に付けさせるとともに，自立心を育成し，心身の調和のとれた発達を図るよう努める」（10条１項）という家庭教育でなすべき保護者の責任に照らし，いじめ問題においても，保護者として我が子を教育するに当たり，努めるべき責務があることを確認した規定といえる。

いじめ問題に関わり，保護者が責任を果たすためには，我が子がいじめを行うことがないよう，日頃から規範意識を育む指導をするよう努めるとともに，監督責任を果たすという意味において，学校からの情報共有により，我が子が他の児童・生徒にいじめ行為をしている可能性があることを把握した際には，我が子を適切に指導することが必要となる。保護者は，子どもの人的関係において生ずるいじめ問題が，保護者の法的責任にまで及ぶ可能性があることを見落としてはならないであろう。

なぜなら，いじめ裁判においては，児童（加害児童），生徒（加害生徒）自身が被告となったり，その保護者が被告となったりするケースが存在するからである。判決においては，被告となった加害児童，加害生徒の行為が民法上の不法行為に当たるとされた場合，保護者には，加害児童，加害生徒に代わってその不法行為責任が追及されることがある。また，この他，監督義務者である保護者自身の不法行為責任が問われるケースも存在する。

加害児童，加害生徒の不法行為責任について，未成年者が他人に損害を加えた場合，自己の行為の責任を弁識するに足りる知能を備えていなかったときは，その行為について賠償の責任を負うことはない（民法712条）。この規定により児童・生徒が責任無能力者と判断された場合は，監督義務者がその義務を怠らなかったとき，又はその義務を怠らなくても損害が生ずべきであったときは別として，児童・生徒を監督する法定義務を負う者が，児童・生徒に代わり児童・生徒が第三者に加えた損害を賠償する責任を負うこととされている（同法714条）[*22]。

他方，他の児童・生徒に対する我が子のいじめ行為が不法行為であるとされた場合は，保護者自身の不法行為責任が問われる可能性がある。保護者自身の責任が認められるためには，保護者が，我が子が違法ないじめ行為を行うことを予見することが可能であり，かつ，それにもかかわらず親権者としてなすべき教育，監督を怠ったこと，この教育，監督をしていたならば我が子が行った不法行為を防止してこれによる被害児

＊22　監督義務者がその義務を怠らなかったとき，又はその義務を怠らなくても損害が生ずべきであったときは，この限りでないとされている（民法714条ただし書）。

童・生徒の損害の発生を回避する可能性が高かったことを要するとするのが一般的である。この考え方に照らせば，学校側から「問題行動があったことについての連絡を受けても，これを深刻に受け止めず」，我が子が「違法ないじめ行為に及ぶ危険性があることを理解せず」，「教育・監督の措置を講じることなく漫然と過ごしていた」場合，保護者には，我が子に対する「教育，監督義務の違反，懈怠があった」とされることになる（広島地方裁判所判決平成19年5月24日）。このように，監督義務者である保護者自身の不法行為責任については，「未成年者が責任能力を有する場合であっても監督義務者の義務違反と当該未成年者の不法行為によって生じた結果との間に相当因果関係を認めうるときは，監督義務者につき民法709条に基づく不法行為が成立するものと解する」考え方が確立している（最高裁判所第二小法廷判決昭和49年3月22日）。

参考文献

坂田仰編著『補訂版　いじめ防止対策推進法　全条文と解説』（学事出版，2018）
坂田仰編集代表『学校のいじめ対策と弁護士の実務』（青林書院，2022）
川　義郎「いじめ問題と法」坂田仰編著『三訂版　学校と法―「権利」と「公共性」の衝突』（放送大学教育振興会，2020）

演習問題

以下の文章について，妥当なものには○，妥当でないものには×を付し，×を付けたものについては簡単にその理由を記載せよ（条文や裁判例を挙げるのでもよい）。

1．学校は，児童・生徒の欠席理由としていじめが考えられる場合，国のいじめ防止基本方針では，不登校の定義にならい，欠席日数が「30日」になるまでは不登校重大事態として対応をとる必要はないとされている。

理由：＿＿＿＿＿＿＿＿＿＿＿＿＿＿＿＿＿＿＿＿＿＿＿＿＿＿＿

＿＿＿＿＿＿＿＿＿＿＿＿＿＿＿＿＿＿＿＿＿＿＿＿＿＿＿

2．いじめ防止対策推進法は，学校におけるいじめの防止等に関する措置を実効的に行うため，複数の教職員に心理，福祉等に関する専門的な知識を有する者その他の関係者を加えて構成されるいじめの防止等の対策のための組織を置くものとするとしている。

理由：＿＿＿＿＿＿＿＿＿＿＿＿＿＿＿＿＿＿＿＿＿＿＿＿＿＿＿

＿＿＿＿＿＿＿＿＿＿＿＿＿＿＿＿＿＿＿＿＿＿＿＿＿＿＿

3．いじめ防止対策推進法では，いじめの事実が確認された場合，学校は，いじめをやめさせ，及びその再発を防止するため，いじめを受けた児童・生徒又はその保護者に対する支援及びいじめを行った児童・生徒に対する指導又はその保護者に対する助言をそれぞれ一回ずつ行うことが求められている。

理由：＿＿＿＿＿＿＿＿＿＿＿＿＿＿＿＿＿＿＿＿＿＿＿＿＿＿＿

＿＿＿＿＿＿＿＿＿＿＿＿＿＿＿＿＿＿＿＿＿＿＿＿＿＿＿

4．いじめ防止対策推進法は，「いじめの定義」を規定しているが，いじめが重大事態に該当するか否かは，いじめ防止対策推進法に定義が存在しないため，その判断は学校設置者の自由裁量に委ねられている。

理由：＿＿＿＿＿＿＿＿＿＿＿＿＿＿＿＿＿＿＿＿＿＿＿＿＿＿＿

＿＿＿＿＿＿＿＿＿＿＿＿＿＿＿＿＿＿＿＿＿＿＿＿＿＿＿

5．いじめ防止対策推進法は，学校に対し，いじめの早期発見をするために児童・生徒に対して定期的な調査等を実施することを求めている。

理由：＿＿＿＿＿＿＿＿＿＿＿＿＿＿＿＿＿＿＿＿＿＿＿＿＿＿＿＿

＿＿＿＿＿＿＿＿＿＿＿＿＿＿＿＿＿＿＿＿＿＿＿＿＿＿＿＿

11 児童・生徒の問題行動と法

小美野達之

《目標&ポイント》 児童・生徒が学校において問題行動を取った場合，法律上の懲戒や事実上の懲戒が行われること，出席停止の措置が取られることがある。本章では，児童・生徒の問題行動の現状，法律上の懲戒及び出席停止に関する規律，校則の意義と役割について述べ，学校が児童・生徒の問題行動について特に留意すべきことを検討する。

《キーワード》 児童・生徒の問題行動，児童・生徒に対する懲戒処分，法律上の懲戒，事実上の懲戒，性行不良に基づく出席停止措置

1. 児童・生徒の問題行動の現状等

文部科学省の「令和4年度児童生徒の問題行動・不登校等生徒指導上の諸課題に関する調査」(以下「本調査」という。)は，調査項目として，①暴力行為，②いじめ，③出席停止，④小・中学校の長期欠席（不登校等），⑤高等学校の長期欠席（不登校等），⑥高等学校中途退学等，⑦自殺（学校から報告のあったもの），⑧教育相談を挙げる。本章では，児童・生徒の問題行動については，①暴力行為に絞って現状を確認するとともに，主として暴力行為が行われた場合を念頭に，児童・生徒に対する懲戒，出席停止等について解説することとする。

本調査において，「暴力行為」は，「自校の児童生徒が故意に有形力（目に見える物理的な力）を加える行為」と定義され，当該暴力行為によるけがの有無，けがによる病院の診断書の有無，被害者による警察への被害届の有無などにかかわらず，暴力行為に該当するものの全てを対

象とするとしている[*1]。本調査によれば，2022（令和４）年度における暴力行為の発生件数は合計９万5,426件[*2]，内訳は対教師暴力１万1,973件，生徒間暴力６万9,580件，対人暴力1,178件，器物損壊１万2,695件であった[*3]。なお，1997（平成９）年度以降の暴力行為発生件数の推移は，以下のとおりである。

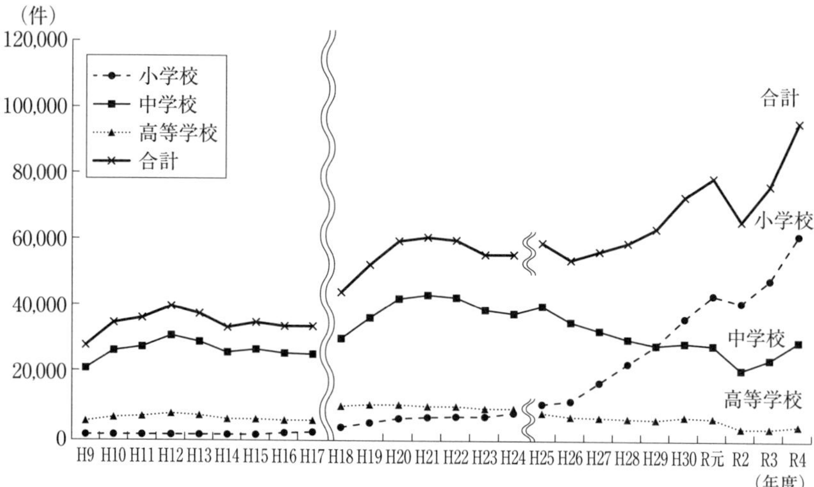

（注１）平成９年度からは公立小・中・高等学校を対象として，学校外の暴力行為についても調査。
（注２）平成18年度からは国私立学校も調査。
（注３）平成25年度からは高等学校に通信制課程を含める。
（注４）小学校には義務教育学校前期課程，中学校には義務教育学校後期課程及び中等教育学校前期課程，高等学校には中等教育学校後期課程を含める。
出典）文部科学省「令和４年度　児童生徒の問題行動・不登校等生徒指導上の諸課題に関する調査結果について」８頁

図11－1　暴力行為発生件数の推移グラフ

＊1　文部科学省「令和４年度　児童生徒の問題行動・不登校等生徒指導上の諸課題に関する調査結果について」７頁。

＊2　前掲注１と同じ。

＊3　前掲注１，９頁，10頁。

グラフを一見すると，2013（平成25）年度以降，小学校において暴力行為の発生件数が急激に増加しているように見える。果たして，実際に小学校で以前よりも暴力行為が増加していると評価することができるのだろうか。文部科学省は本調査を受けた通知[*4]において，暴力行為発生件数に都道府県間の差が大きいことに触れ，「本調査における暴力行為の定義や形態ごとの例をよく確認すること」と述べているし，暴力行為の発生件数についても，「いじめの積極的な認知が暴力行為の把握にもつながっている」可能性に触れ，「犯罪にならない初期段階のものでも暴力行為と捉え，指導している結果という点では肯定的に評価している」とも述べている。

2013（平成25）年ごろという時期は，いじめ防止対策推進法が公布・施行された時期でもあり，特に小学校において従前は見過ごされてきた些細（ささい）な暴力行為についても，この時期以降，積極的に認知及び報告がされるようになり，暗数が顕在化したことが同時期以降の暴力行為発生件数の増加の理由であるという解釈も十分に可能である。

以下では，学校において児童・生徒が暴力行為等の問題行動を行った場合，どのような措置を取ることができるのかについて述べることとする。

2. 児童・生徒に対する懲戒処分に関する法的規律

（1） 懲戒に関する基本的な規律

学校教育法（以下「法」という。）11条本文は，校長及び教員が「教育上必要があると認めるとき」に，文部科学大臣の定めるところにより，児童，生徒及び学生（以下「児童等」という。）に懲戒を加えることが

＊4　文部科学省初等中等教育局児童生徒課長「令和４年度　児童生徒の問題行動・不登校等生徒指導上の諸課題に関する調査結果及びこれを踏まえた緊急対策等について（通知）」（令和５年10月17日付け５初児生第19号）。

できると規定する。懲戒とは，一般に組織の秩序を乱した者に対する制裁であると定義されている。法11条にいう「文部科学大臣の定め」として，学校教育法施行規則（以下「規則」という。）26条1項は，校長及び教員が児童等に懲戒を加えるに当たり，児童等の心身の発達に応ずる等教育上必要な配慮をすべきことを定める。

同条2項は，懲戒としての退学（以下「懲戒退学」という。），停学及び訓告については，校長（大学にあっては，学長の委任を受けた学部長を含む。以下単に「校長」という。）が行うことを定めており，同項に掲げられている退学，停学及び訓告については，法令に明記された懲戒であるという意味において「法律上の懲戒」と呼ばれることがある。これに対し，同項に掲げられていない懲戒については「事実上の懲戒」と呼ばれることがある。これらとは異なるものとして，懲戒のもつ法的効果すなわち児童等の権利義務や地位の制限又ははく奪を伴うか否かに注目して，退学及び停学については，児童等としての地位を奪い又は一定期間停止するものであることから「法的効果を伴う懲戒」，訓告と事実上の懲戒については，こうした法的効果を伴わないことから「事実行為としての懲戒」とする区分も存在する[*5]。事実上の懲戒においては，法11条ただし書が体罰を禁止していることとの関係で，どの範囲で懲戒を加えることができるのかという大きな問題があるが，この問題については本書の第9章に譲ることとして，本章では主として法律上の懲戒について取り扱うこととする。

（2） 法律上の懲戒に関する規律

先に述べたとおり，規則26条2項は，校長が，懲戒として退学，停学及び訓告を行うことができることを定めており，同条3項は，このうち懲戒退学につき，市町村立の小学校，中学校（併設型中学校を除く。），

＊5 文部科学省『生徒指導提要』令和4年12月改訂，103頁。

義務教育学校，公立の特別支援学校に在籍する学齢児童又は学齢生徒を除き，同項1号ないし4号のいずれかに当たる児童等に対して行うことができると規定する。同項1号ないし4号の事由は，これらの事由がある場合にのみ懲戒退学を行うことができるという意味において，限定列挙であると解されているが，実際に懲戒退学の事由として用いられるのは，ほぼ4号の「学校の秩序を乱し，その他学生又は生徒としての本分に反した者」のみである[*6]。また，同条4項は，懲戒としての停学につき，学齢児童又は学齢生徒に対しては，行うことができないと規定している。

憲法が教育を受ける権利を保障し（日本国憲法26条1項），憲法及び法律により子に9年間の普通教育を受けさせることが義務とされ（日本国憲法26条2項前段，教育基本法5条1項，学校教育法16条），学齢児童及び学齢生徒の保護者に就学義務が課されている（学校教育法17条1項，2項）ことから，わが国の法制度は義務教育段階における教育を受ける権利を手厚く保障している。したがって，義務教育段階において児童又は生徒としての地位を一定期間停止する処分である停学については，学校設置者の別を問わずに一律に禁止しており，懲戒退学については，市町村の小学校・中学校等が最終的な受け皿になり，その他の学校を懲戒退学となったとしても，これらの学校において義務教育を受けることができるという関係上，市町村立の小学校・中学校等についてのみ禁止している。

法律上の懲戒に関して，判例は，懲戒処分を行うかどうか懲戒処分を行うとしてどの処分を行うのかについて「当該行為の軽重のほか，本人の性格及び平素の行状，右行為の他の学生に与える影響，懲戒処分の本人及び他の学生に及ぼす訓戒的効果，右行為を不問に付した場合の一般

---

*6　公刊物に掲載された裁判例を見る限り，1号は戦後すぐの時期に数例，2号及び3号は皆無であり，残りは4号による懲戒退学である。

的影響等諸般の要素を考慮する必要があり，これらの点の判断は，学内の事情に通暁し直接教育の衝にあたるものの合理的な裁量に任すのでなければ，適切な結果を期しがたいことは，明らかである」としつつ，現在の規則26条３項などが４つの具体的事由を定めていることを「退学処分が，他の懲戒処分と異なり，学生の身分を剝奪する重大な措置であることにかんがみ，当該学生に改善の見込がなく，これを学外に排除することが教育上やむをえないと認められる場合にかぎつて退学処分を選択すべきであるとの趣旨において，その処分事由を限定的に列挙したものと解される」とした上で規則26条３項４号などにいう「『学校の秩序を乱し，その他学生としての本分に反した』ものとして退学処分を行うに当たっては，その要件の認定につき他の処分の選択に比較して特に慎重な配慮を要する」としている（最高裁判所第三小法廷判決昭和49年７月19日）。この判決は，私立大学に関するものであるが，この判決の示した判断枠組みそのものは国公立の大学や高等学校以下の学校においても当てはまり，懲戒処分一般については懲戒権者の裁量を広く認めつつ，懲戒退学については裁量に制限が加わるとの立場を取っていると解されている。

（３） 懲戒に関する手続的な規律

行政手続法は，処分，行政指導等の手続並びに命令等を定める手続に関し，共通する事項を定める（１条）ものであり，対象には国及び地方公共団体の機関の多くが含まれる（２条５号）ため，少なくとも公立学校における法律上の懲戒に関する処分（同条４号），懲戒処分の基準の作成（同条８号ハ），児童生徒に対する生徒指導方針の作成（同号ニ）などは，同法による規律の対象となり得るものである。しかし，学校における児童等に対する処分及び行政指導等については，全面的に同法の適用除外とされている（3条1項7号）。また，規則26条5項は，学長に対し，懲戒としての退学，停学及び訓告の処分の手続を定めることを求めているが，同項を反対解釈すれば大学以外の学校においては，懲戒処分の手続を定めなくても良いということになり，懲戒の手続に関して法令による規制は存在しない状況にある。

文部科学省初等中等教育局児童生徒課長「高等学校における生徒への懲戒の適切な運用の徹底について（通知)」(平成22年2月1日)（以下「本通知」という。）は，高等学校での生徒への懲戒について，「その内容及び運用に関して，社会通念上の妥当性の確保を図ることが求められて（いる)」として，「(1）指導の透明性・公平性を確保し，学校全体としての一貫した指導を進める観点から，生徒への懲戒に関する内容及び運用に関する基準について，あらかじめ明確化し，これを生徒や保護者等に周知すること。」「(3）懲戒に関する基準等に基づく懲戒・指導等の実施に当たっては，その必要性を判断の上，十分な事実関係の調査，保護者を含めた必要な連絡や指導など，適正な手続を経ること。」として，懲戒処分の基準の作成と周知，懲戒処分に際しての適正手続を求めている。

本通知に従って，懲戒処分の基準を作成・周知したにもかかわらず，これと異なる懲戒処分を行った場合や，懲戒処分に際しての手続を定めていたにもかかわらず，これと異なる手続を取った場合の懲戒処分の効果という問題が存在する。前者の問題との関係では，学校における懲戒処分の事例ではないが，行政手続法12条1項の処分基準に関し，「裁量権の行使における公正かつ平等な取扱いの要請や基準の内容に係る相手方の信頼の保護等の観点から，当該処分基準の定めと異なる取扱いをすることを相当と認めるべき特段の事情がない限り，そのような取扱いは裁量権の範囲の逸脱又はその濫用に当たることとなるものと解され

（る）」（最高裁判所第三小法廷判決平成27年３月３日）とするものが存在し，学校における懲戒処分に際しても同様の判断がなされうる。後者の問題との関係では，高等学校内のガイドラインにおいて自主退学の勧奨に際して，特段の事情がある場合を除き，弁明の機会の付与等を行うと定めていたにもかかわらず，校長がこれを行わなかったという事案において，校長の過失と国家賠償法上の違法性を認めたもの（高松高等裁判所判決平成29年７月18日）が存在する。

学校における処分等については，行政手続法が適用除外とされているにもかかわらず，本通知は懲戒処分の基準の作成・周知と懲戒処分に際しての適正手続を求めており，ひとたび学校が懲戒処分の基準の作成・周知をした場合には，基準に違反した懲戒処分を行えば処分が違法として取り消される可能性があること，学校が懲戒処分のための手続規定を設けた場合には，規定に違反した手続を取れば手続が違法[*7]とされる可能性があることには十分に注意が必要である。

3．児童・生徒に対する出席停止

次に，児童・生徒に対する性行不良による出席停止について確認する。法35条１項は，市町村の教育委員会に対し，同項１号ないし４号のうち１又は２以上の行為を繰り返し行う等性行不良であって他の児童の教育に妨げがあると認める児童があるときは，その保護者に対して，児童の出席停止を命ずることができることを定める。そして，他の児童に傷害，心身の苦痛又は財産上の損失を与える行為（１号），職員に傷害又は心身の苦痛を与える行為（２号），施設又は設備を損壊する行為（３号），授業その他の教育活動の実施を妨げる行為（４号）の４つを挙げる。

同条は，法49条により中学校に，法49条の８により義務教育学校に準

＊7　懲戒処分の手続が違法であったとして，手続の違法が懲戒処分自体の違法を招くのかということは行政法上の大きな問題であるが，本章では説明を割愛する。

用されており，市町村立の小中学校段階の学校においては出席停止が可能であり，おおむね懲戒退学ができない学校において出席停止が可能であるとの規定となっている。懲戒が組織の秩序を乱した者に対する制裁の制度であるのに対して，出席停止については，「学校の秩序を維持し，他の児童生徒の義務教育を受ける権利を保障するという観点から設けられた制度である」[*8]と説明されている。もちろん，出席停止についても，児童又は生徒としての地位を一定期間停止するという点において，義務教育段階における教育を受ける権利の保障とは相いれない面があることは確かであるが，他の児童・生徒の教育を受ける権利を保障することを目的としている点，後述のとおり出席停止の対象となる児童・生徒の教育を受ける権利にも配慮がなされていることから，憲法及び法律上も許容されるものであると考えられている。

本調査によれば，2022（令和４）年度に出席停止が行われた件数は，小学校１件，中学校４件であり，2017（平成29）年度以降，小学校と中学校とを合計しても１桁である状況が継続している。1997（平成９）年度には小学校１件，中学校50件，1998（平成10）年度には小学校１件，中学校56件であったことからすると減少しているといえる[*9]。他の児童・生徒の教育への妨げを除去するために出席停止まで必要な場合は限られており，特に児童や年少の生徒については事実上の懲戒によって十分に抑止が可能であること，法35条１項各号の行為は，暴行罪，傷害罪，器物損壊罪といった刑法犯の構成要件とかなり重複しており，14歳以上の生徒が各号の行為を繰り返し行った場合には，犯罪として警察や家庭裁判所の介入がなされたり，これらの手続において生徒への身体拘束がなされたりすることで，出席停止が不要となっていることも考えられる。

法35条２項は，出席停止を命ずる場合，あらかじめ保護者の意見を聴

＊8　文部科学省初等中等教育局長「出席停止制度の運用の在り方について（通知）」（平成13年11月６日付け13文科初725）。

＊9　前掲注１，62頁，64頁。

くこと，理由及び期間を記載した文書を交付することを定め，同条3項は，出席停止の命令の手続に関して必要な事項は教育委員会規則によると定め，教育委員会規則において校長から出席停止に関する意見を述べることとしている例も存在する*10。また，法35条4項は，市町村の教育委員会に対し，出席停止の命令を行う場合，対象となる児童の出席停止期間中の学習に対する支援その他の教育上必要な措置を講ずるものとすると規定しており，その限りにおいて，児童・生徒の義務教育段階における教育を受ける権利に対する制約を最小限度のものとしている。

4．別室指導，自宅謹慎等

これまで，問題行動に対する措置として，法令に明記されている法律上の懲戒及び出席停止について説明したが，学校現場においては，別室指導や自宅謹慎など法令に明記されておらず，その根拠も性質も不明確な措置を取ることもあり，これらの措置の法律上の位置付けが問題となる。

本調査においては，高等学校での暴力行為の加害生徒に対する措置の中に「自宅学習・自宅謹慎」の項目があり，2022（令和4）年度に同措置を受けた生徒は1,500人であり，懲戒としての退学，停学，訓告を受けた生徒数の合計を上回っている*11。また，本通知の別添1である「高等学校における生徒への懲戒の適切な運用についての調査結果について（概要）」においては，「事実行為として行う懲戒として定めている項目」として，「校長による説諭等」「学校内謹慎，別室指導」「期間を定めないで行う自宅謹慎」などが挙げられており，文部科学省及び高等学

＊10　大阪市立学校管理規則13条1項柱書，横浜市立学校の管理運営に関する規則9条1項，横浜市立小学校，中学校及び義務教育学校の出席停止を命ずる際の手続に関する規則2条など。

＊11　前掲注1，14頁。

校では，これらの措置を事実行為としての懲戒に位置付けていると解される。

学校の児童・生徒に対する措置の性質や適法性は，当該措置の客観的な性質により定まるものであり，学校が当該措置にどのような名称を付しているのかには無関係である。例えば，学校の秩序を乱した児童・生徒に対し，制裁として学校に登校させず自宅で学習させる措置を取るような場合，学校が当該措置にどのような名称を付しているかにかかわらず，当該措置の客観的な性質は懲戒であり，児童又は生徒としての地位の停止を含む場合には，法的効果を伴う懲戒としての停学であって，義務教育段階の学校では行うことができず，仮に行った場合には違法となる。これに対して，当該措置について法的効果を伴わない事実行為としての懲戒として行う余地もないではないが[*12]，その場合には児童又は生徒としての地位の停止を含まないのであるから，児童又は生徒が措置に従わず学校に登校してきた場合，これを法的に妨げることができず，仮に妨げた場合には違法となると考えられる。

5. 校則とその制定権限

最後に校則の法的意味と効果について確認しておくこととする。判例は，大学について「国公立であると私立であるとを問わず，学生の教育と学術の研究を目的とする公共的な施設であり，法律に格別の規定がない場合でも，その設置目的を達成するために必要な事項を学則等により一方的に制定し，これによつて在学する学生を規律する包括的権能を有

＊12　文部科学省「出席停止制度の運用の在り方について（通知）」（平成13年11月６日付け13文科初725）は，「公立の小学校及び中学校については，自宅謹慎，自宅学習等を命ずることは法令上許されて（いない）」として，公立の義務教育段階の学校における出席停止の代替としての自宅謹慎，自宅学習等を禁止しているが，事実行為としての懲戒としての自宅謹慎等まで禁止する趣旨であるのかは明確ではないし，同通知はその他の学校における自宅謹慎等については言及していない。

するものと解すべきである」（最高裁判所第三小法廷判決昭和49年7月19日）としており，裁判例では，高等学校について，「学校教育法上の高等学校として設立されたものであり法律上格別の規定がない場合であっても，その設置目的を達成するために必要な事項を校則等によって一方的に制定し，これによって生徒を規律する包括的権能を有しており，生徒においても，当該学校において教育を受ける限り，かかる規律に服することを義務付けられるものと認められる」（大阪高等裁判所判決令和3年10月28日）としている。

これらの裁判例からすると，学校種を問わず校長又は学長には，学校の設置目的を達成するために必要な校則等を一方的に制定し，児童等を規律する包括的な権限があることになる。校則等を制定する権限の根拠については，明確には述べられていない。実定法上の根拠としては，校則等全般について法37条4号が「校長は，校務をつかさど（る）」として，校長に学校の業務全体に関する権限を広く与えていること[*13]，懲戒と関連する校則等については法11条本文が校長に懲戒権を与えていることを合わせて挙げることができる。

裁判例からも法文からも明らかなとおり，校則等の制定権は校長に存在するのであって，職員会議や生徒会，自治会などにはその制定や改廃に関与する法的な権限があるわけではないという点に注意が必要である。校長において，教職員や児童・生徒の実情を把握したり，これらの者の意見を踏まえたり，あるいは法教育の一領域であるルールメイキング教育の一環として児童・生徒に校則の改廃を検討させたりすることはあり得るし，これらの者を関与させることが望ましいとはいえるが，校則に関する校長の法的な権限を左右するものではない。

校則のうち，高等学校での懲戒に関する内容や運用に関する基準を定

＊13　法37条4号にいう「校務」には，学校の施設管理，児童等の教育に関する業務が含まれており，校則の多くもこれらの観点から児童等を規律するために制定されている。

める部分については，本通知により，「あらかじめ明確化し，これを生徒や保護者等に周知すること」とされている点にも注意が必要である。

参考文献

文部科学省『生徒指導提要改訂版』令和4年12月
山田知代「児童・生徒の問題行動と懲戒，出席停止」黒川雅子・山田知代編著『生徒指導・進路指導』（学事出版，2014）

演習問題

以下の文章について，妥当なものには〇，妥当でないものには×を付し，×を付けたものについては簡単にその理由を記載せよ（条文や判例を挙げるのでもよい）。

1．文部科学省による「児童生徒の問題行動・不登校等生徒指導上の諸課題に関する調査」における「暴力行為」は警察に被害届が提出されたもののみをいう。

理由：＿＿＿＿＿＿＿＿＿＿＿＿＿＿＿＿＿＿＿＿＿＿＿＿

＿＿＿＿＿＿＿＿＿＿＿＿＿＿＿＿＿＿＿＿＿＿＿＿

2．懲戒としての退学及び停学の処分は，校長（大学では学長の委任を受けた学部長を含む。）が行うが，懲戒としての訓告の処分は，校長以外の教員にも行うことが認められている。

理由：＿＿＿＿＿＿＿＿＿＿＿＿＿＿＿＿＿＿＿＿＿＿＿＿

＿＿＿＿＿＿＿＿＿＿＿＿＿＿＿＿＿＿＿＿＿＿＿＿

3．国立の小学校では，児童に対して，懲戒としての退学を行うことはできるが，懲戒としての停学を行うことはできない。

理由：＿＿＿＿＿＿＿＿＿＿＿＿＿＿＿＿＿＿＿＿＿＿＿＿＿＿＿＿

＿＿＿＿＿＿＿＿＿＿＿＿＿＿＿＿＿＿＿＿＿＿＿＿＿＿＿＿

4．出席停止は，性行不良であって他の児童等の教育に妨げがあると認める児童等に対する制裁として行われるものであり，市町村立の小学校と中学校における懲戒としての停学に関する呼称である。

理由：＿＿＿＿＿＿＿＿＿＿＿＿＿＿＿＿＿＿＿＿＿＿＿＿＿＿＿＿

＿＿＿＿＿＿＿＿＿＿＿＿＿＿＿＿＿＿＿＿＿＿＿＿＿＿＿＿

5．校長が校則を定めるに当たっては，児童・生徒の過半数により組織された自治会の同意を得る必要があり，自治会の同意を得ないで定めた校則は無効である。

理由：＿＿＿＿＿＿＿＿＿＿＿＿＿＿＿＿＿＿＿＿＿＿＿＿＿＿＿＿

＿＿＿＿＿＿＿＿＿＿＿＿＿＿＿＿＿＿＿＿＿＿＿＿＿＿＿＿

12 児童虐待と法

小美野達之

《目標＆ポイント》 児童虐待の防止等に関する法律は，学校とその教職員に対し，児童虐待の早期発見の努力義務を課し，児童虐待を受けたと思われる児童を発見した者に対し，児童相談所等への通告義務を課す。本章では，児童虐待の現状，児童虐待に対応するための法律上の枠組みについて述べ，学校が児童虐待について特に留意すべきことを検討する。
《キーワード》 児童虐待の防止等に関する法律，早期発見，通告，予防教育と啓発活動，親権者の懲戒権

1. 児童虐待の定義と現状

（1） 児童虐待の定義

児童虐待の防止等に関する法律（以下「児虐法」という。）は，「児童虐待」を，保護者（親権を行う者，未成年後見人その他の者で，児童を現に監護する者）がその監護する児童（18歳に満たない者）について行う次に掲げる行為（２条）と定義している。①児童の身体に外傷が生じ，又は生じるおそれのある暴行を加えること（１号），②児童にわいせつな行為をすること又は児童をしてわいせつな行為をさせること（２号），③児童の心身の正常な発達を妨げるような著しい減食又は長時間の放置，保護者以外の同居人による前２号又は次号に掲げる行為と同様の行為の放置その他の保護者としての監護を著しく怠ること（３号），④児童に対する著しい暴言又は著しく拒絶的な対応，児童が同居する家庭におけ

る配偶者に対する暴力（配偶者（婚姻の届出をしていないが，事実上婚姻関係にある者を含む。）の身体に対する不法な攻撃であって生命又は身体に危害を及ぼすもの及びこれに準ずる心身に有害な影響を及ぼす言動を言う。）その他の児童に著しい心理的外傷を与える言動を行うこと（４号）である。一般に，１号は身体的虐待，２号は性的虐待，３号はネグレクト，４号は心理的虐待と称されている。

児童虐待の主体は，「保護者」であり，「保護者」とは「親権を行う者，未成年後見人その他の者で，児童を現に監護する者」であるから，児童と血縁関係のない父母の同居人なども現に監護していれば児童虐待の主体となり得るが，児童のきょうだい，別居の祖父母などは通常は現に監護をしていないため児童虐待の主体となり得ず，これらの者による虐待を放置している保護者によるネグレクト（３号）の可能性があるにとどまる。また，児童虐待の客体は，児童（18歳に満たない者）であるから，保護者が18歳以上の監護する子に対して１号ないし４号の行為を行ったとしても，児虐法にいう児童虐待にはならない。

（２） 児童虐待の現状

厚生労働省「令和３年度福祉行政報告例の概況」によれば，児童相談所が対応した児童虐待に関する相談件数の推移は，図12－１のとおりである。

単純に相談件数のみを見れば，児童虐待の件数は年々増加傾向にあり，特に心理的虐待の件数が増加しているように見える。しかし，児童虐待の多くは家庭内で行われるものであり，もともと暗数すなわち実際には発生しているが統計には反映されていない数が大きいという性質を持つ。相談件数の増加が意味するものが，虐待件数の増加であるのか，それとも児童虐待に関する知識の普及，啓発であるのかは，慎重に検討し評価

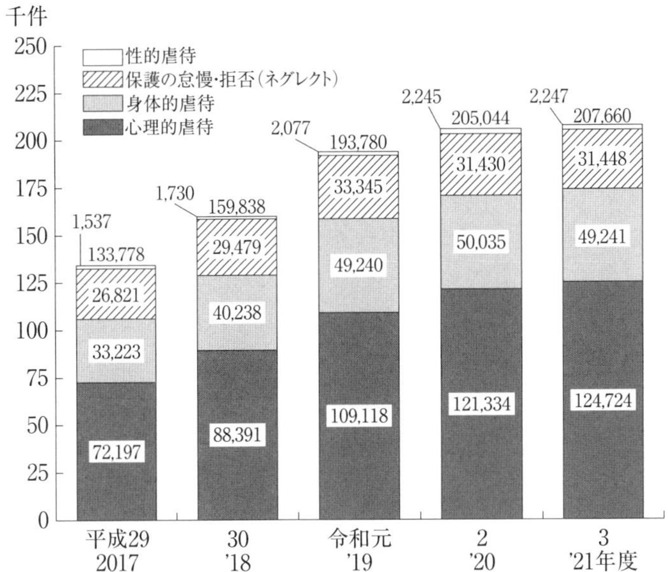

出典）厚生労働省「令和３年度福祉行政報告例　結果の概要」８頁

図12－1　児童虐待の相談種別件数の年次推移

する必要があるだろう。

以下では，児童虐待の現状を踏まえ，児童虐待から児童を保護するための枠組み等について解説する。なお，本章では，特に断りのない限り，児虐法の定義にならい，18歳未満の者を「児童」，現に児童を監護する者を「保護者」ということとする。

2．親権と児童虐待

先に述べたとおり，児童虐待の主体である「保護者」は，児童を現に監護する者であるが，そこには親権を有している者と親権を有していない者が存在する。最初に，親権の内容及び親権と児童虐待との関係について述べる。

民法は，年齢18歳をもって成年とすると定め（4条），成年に達しない子は，父母の親権に服する（818条1項）こと，子が養子であるときは養親の親権に服する（同条2項）ことを定める。さらに民法は，親権者に対し，子の利益のために子の監護及び教育をする権利と義務（820条），子の人格の尊重と体罰等の禁止（821条），子の居所の指定（822条）などを定めている（未成年後見人も親権者と同一の権利義務を有することがある（857条）が，以下では省略する。）。児童の親権者が，児童の監護や教育の一環又は児童が監護や教育に従わないことに対する制裁，いわゆる「しつけ」として体罰を加えることが許されるのか，児童虐待との関係はどうなるのかということが問題となる。

かつては，民法820条に「子の利益のために」との文言がなく，学校教育法11条本文が教員による懲戒を認めつつただし書で体罰を禁止しているのに対し，当時の民法822条が親権者による懲戒を認め体罰を禁止していなかったこと等を根拠に，親権者はしつけのために体罰を行うことも法律上許容されるとの解釈が有力であった。しかし，2011（平成23）年の民法改正により「子の利益のために」との文言等が追加され，さらに2019（令和元）年の児虐法改正により，親権者は，児童のしつけに際して，体罰を加えることその他民法820条の規定による監護及び教育に必要な範囲を超える懲戒をしてはならない（14条1項）こと，児童虐待に係る暴行罪，傷害罪その他の犯罪について，親権者であることを理由として，その責任を免れないこと（同条2項）が明記された。2022（令和4）年の民法改正により，民法821条も子の人格の尊重と体罰等の禁止を明記したことにより，現在では，法律上，親権者による体罰も禁止されていることに争いがない。

なお，厚生労働省の検討会も，「たとえしつけのためだと親が思っても，身体に，何らかの苦痛を引き起こし，又は不快感を意図的にもたらす行為（罰）である場合は，どんなに軽いものであっても体罰に該当し，法律で禁止されます」[*1]と述べ，以下の行為について，「これらは全て体罰です」としている[*2]。

・言葉で３回注意したけど言うことを聞かないので，頬を叩いた
・大切なものにいたずらをしたので，長時間正座をさせた
・友達を殴ってケガをさせたので，同じように子どもを殴った
・他人のものを取ったので，お尻を叩いた
・宿題をしなかったので，夕ご飯を与えなかった
・掃除をしないので，雑巾を顔に押しつけた

したがって，親権者であったとしても，また，しつけを目的としていたとしても，子どもに体罰を加えることは許されず，児虐法の身体的虐待や心理的虐待，刑法の暴行罪，傷害罪等に該当し，児童虐待防止のための措置や刑事手続の対象となり得るということになる。

もっとも，先に述べたとおり，民法上，親権者には子の監護及び教育に関する権利，居所指定の権利などが認められており，児童虐待を行い又はその疑いがある保護者であっても，親権喪失（834条），親権停止（834条の２）といった手続がなされない限り，民法上はこれらの権利を行使し，児童を手元にとどめて監護や教育を継続することができることとなる。以下では，児童虐待から児童を保護するための手続について，特に親権を有している保護者による虐待の場合を念頭に解説することとする。

＊1　厚生労働省　体罰等によらない子育ての推進に関する検討会『体罰等によらない子育てのために～みんなで育児を支える社会に～』（2020年）５頁。

＊2　前掲注１と同じ。

3. 児童虐待防止の仕組みと令和4年児童福祉法改正

児童福祉法（以下「児福法」という。）は，1947（昭和22）年に制定された法律であり，「児童」を「18歳に満たない者」と定義したうえで（４条１項），児童の福祉を保障するための制度等を定めている。児福法は，「保護者のない児童又は保護者に監護させることが不適当であると認められる児童」を「要保護児童」と定義し（６条の３第８項），その保護のための枠組みを設け，その通告義務（25条の１項），通告後の手続を定めている。

児福法による要保護児童の枠組みのみでは児童虐待の防止に十分ではなかったことから，児虐法が，2000（平成12）年に制定され，児童虐待を受けたと思われる児童を発見した者に対し，市町村，児童相談所等に通告する義務を課し（児虐法６条１項），この通告を児福法25条の１項の通告と扱い（同条２項），児福法における児童の保護のための枠組みを用いることができるようにしている。以下，児童虐待の場面に限定して，通告とその後の児童相談所における手続について述べる。

（1） 児童虐待の通告

児虐法により，児童虐待を受けたと思われる児童を発見した者には，通告義務が課されている（６条１項）。「発見した者」には何らの限定がなく教職員や教育委員会職員等も含まれる。また，児童虐待を受けた「と思われる」児童であるから，児童虐待を受けたことが確実ではなくとも，その疑いがある場合には，通告する義務がある。教職員等が地方公務員である場合には，職務上知り得た秘密を漏らしてはならない（地方公務員法34条１項）とされているが，守秘義務に関する法律の規定は，児虐法による通告義務を妨げるものと解釈してはならない（児虐法６条

3項）とされており，児童虐待の通告が守秘義務違反とされることはない。

通告先としては，児虐法の条文上は，市町村，福祉事務所，児童相談所[*3]が挙げられているが，一般論を言えば，重大な児童虐待の疑いがある場合には，緊急に児童を保護する権限と経験を有する児童相談所への通告を行うべきであり，そうでなければ市町村の虐待対応担当窓口に通告を行えばよい[*4]。もちろん，まさに児童の生命又は身体への危険が迫っているような極めて緊急かつ重大な虐待の場合には，児童相談所への通告と合わせて，110番通報，119番通報も躊躇（ちゅうちょ）せずに行わなければならない。

（2）　児童虐待の調査

児童虐待の通告を受けた児童相談所は，受理会議を開催して対応方針を検討し，調査を開始することとなる。調査に際しては，通告を行った者からの聴き取りが行われ，児童，保護者からの聴き取りも行われる。児虐法は，児童との面会その他の児童の安全の確認を行うための措置を講ずる（8条2項柱書）としているが，安全確認については，児童相談所運営指針において，児童相談所職員又は児童相談所が依頼した者により，「子どもを直接目視することにより行うことを基本」とすること，原則として「48時間以内」に行うことが定められている（児童相談所運営指針第3章第3節3項）。

その他に，児虐法は条文上，都道府県知事に対し，児童の保護者に対する出頭要求（8条の2第1項），児童の住居所への立入調査（9条1項），再出頭要求（9条の2第1項），臨検・捜索（9条の3第1項）な

＊3　児童相談所は，「子ども家庭センター」（大阪府子ども家庭センター設置条例1条）などの名称で設置されていることもある。

＊4　文部科学省「学校・教育委員会等向け　虐待対応の手引き」（令和2年6月改訂版）22頁。

どの権限を与えているが，ほとんどの自治体では都道府県知事から児童相談所長に権限が委任されている[*5]。このうち立入調査については，拒否したり虚偽の答弁をしたりした場合には50万円以下の罰金の対象となる（９条２項，児福法29条，61条の５）。臨検・捜索は，裁判官の許可状に基づき実力行使をもって住居所に立ち入り児童を探し出すことである。

（３） 一時保護

児童相談所長は，調査の結果，「必要があると認めるとき」に，「児童の安全を迅速に確保し適切な保護を図るため，又は児童の心身の状況，その置かれている環境その他の状況を把握するため」児童を一時保護することができる（児福法33条１項）。一時保護は，児童を従前の生活環境，通常は保護者の元から引き離し，児童相談所が一時保護を行うか，適当な者に一時保護を行わせることを委託することにより行われる。一時保護の期間は２か月を超えることができないとされている（同条３項）が，児童相談所長は，必要があると認めるときは，引き続き一時保護を行うことができる（同条４項）。しかし，引き続き一時保護を行うことが親権者の意に反している場合には，その都度，児童相談所長は家庭裁判所の承認を得なければならないとされている（同条５項）。

民法上は，児童に対して，親権者である保護者は監護に関する権利，居所を指定する権利を有するのであり，親権者の意に反して児童を引き離して保護することはできないはずであるが，児童の安全を確保するため，児福法が当初の２か月については児童相談所長の判断で一時保護を行うことを認め，その後の引き続きの保護に関しては，親権者の意に反する場合に限り家庭裁判所の承認を要求することで，親権者の権利と児童の保護との両立を図ろうとするものである。児童が一時保護所に一時

＊5　東京都児童虐待の防止等に関する法律施行細則１条１項，大阪府児童虐待の防止等に関する法律施行細則２条など。

保護されている場合には，児童の心身の安定を図ることや，一時保護所の場所が当該児童の保護者や他の一時保護所に保護されている児童の保護者に知れることを防止することなどを目的として，通例，児童は学校に通うことができない。一時保護が委託された場合には，児童は学校に通うことができることが多いが，委託先の所在地などによっては，従前の学校とは異なる学校に通わざるを得ない。

一時保護は，児童相談所が児童の安全確保のために特に気を配っている場面であり，他方で児童の保護者も虐待の有無や程度にかかわらず児童を手元から引き離されて敏感な場面でもあるため，学校や教職員としても相当程度，緊張して慎重に対応しなければならない場面である。学校が取るべき対応については後述する。

（4）　児童福祉施設入所措置等

児童相談所は，一時保護を行うか否かにかかわらず，引き続き児童虐待についての調査を行い，最終的には，児福法の条文上は，都道府県において，児童を保護者の元に返して指導を行うこと（27条1項1号，2号），児童養護施設などの児童福祉施設に入所させ保護者から引き離すこと（同項3号）のいずれかの措置が取られる。児童福祉施設への入所については，親権者の意に反して行うことができない（同条4項）。もっとも，都道府県は，親権者の意に反していたとしても，保護者が児童を虐待する等により保護者に監護させることが著しく児童の福祉を害する場合については，家庭裁判所の承認を得て児童福祉施設に入所させることができる（同法28条1項）。なお，ほとんどの自治体において，都道府県の権限は児童相談所長に委任されている[*6]。

児童福祉施設に入所した場合には，児童は入所先の施設から通学することができるようになるが，たまたま児童福祉施設が従前の学校の通学

＊6　東京都児童福祉法施行細則1条1項，大阪府児童福祉法施行細則3条6号など。

可能範囲にあり，かつその児童福祉施設に入所させることが相当であるという例外的な場合を除き，従前の学校からの転校を余儀なくされることとなる。

(5) 2022（令和4）年児童福祉法改正による変更

児福法が改正され，2022（令和4）年6月15日，公布された。一時保護について，児童相談所長は，「必要があると認めるとき」に行うことができるとしていたところ，「児童虐待のおそれがあるとき，……であって必要があると認めるとき」に具体化するとともに（改正後児福法33条1項），親権者の同意がある場合を除き，一時保護を開始した日から7日以内に裁判官の一時保護状を請求し，その審査を受けることとされた（改正後同条3項）。一時保護が親権者の監護権，居所指定権等に対する重大な制限であるともに，一時保護される児童にとっても各種の制約が課されることから，裁判官の審査を介することで，その適法性，手続の透明性の確保を図ったものである。また，児童相談所長には，一時保護を行う場合又は解除する場合などに，児童の最善の利益を考慮すること，児童の事情に応じて意見聴取その他の措置を取ることが要求されることとなった（改正後同法33条の3の3）。

一時保護の際の裁判官の審査については，2025（令和7）年6月15日までの政令で定める日，一時保護等の際の児童の意見聴取等については，2024（令和6）年4月1日に施行される予定である。

4. 児童虐待について学校が取るべき対応

(1) 発見，通告，研修，予防教育と啓発

児虐法は，学校，児童福祉施設，病院その他児童の福祉に業務上関係

のある団体及び学校の教職員，児童福祉施設の職員，医師，保健師，弁護士その他児童の福祉に職務上関係のある者は，児童虐待を発見しやすい立場にあることを自覚し，児童虐待の早期発見に努めなければならない（児虐法５条１項）として，学校とその教職員に対し，児童虐待の早期発見に関する努力義務を課している。そして，先に述べたように，児童虐待を受けたと思われる児童を発見した者には，通告義務が課されている（６条１項）。

さらに児虐法は，国及び地方公共団体に対し，学校の教職員を含む「児童の福祉に職務上関係のある者」が，児童虐待を早期に発見し，その他児童虐待の防止に寄与することができるよう，研修等必要な措置を講ずべきこと（４条２項），児童虐待を受けた児童の保護及び自立の支援を専門的知識に基づき適切に行えるよう，学校の教職員を含む「児童虐待を受けた児童の保護及び自立の支援の職務に携わる者の人材」の確保及び資質の向上を図るため，研修等必要な措置を講ずべきこと（同条３項），学校及び児童福祉施設に対し，児童及び保護者に対して，児童虐待の防止のための教育又は啓発に努めるべきこと（５条５項）が定められている。

なお，学校や教職員に求められているのは，児童虐待の有無を明らかにしたり，解決したりすることではないことに注意が必要である。教職員が，児童の心身に異変を察知したときには，虐待が原因である可能性があり，児童や保護者に対して確認をするべきこともあるが，通告は，児童虐待を受けた「と思われる」場合に行うのであり，通告の可否を判断するために必要な限度で聞き取りを行えば十分である。教職員が，児童虐待の確証を得たり，児童や保護者に虐待の存在を認めさせたりする必要は全くなく，有害ですらあることに注意しなければならない[*7]。

*7　「学校・教育委員会等向け　虐待対応の手引き」18頁には，虐待に関する本人からの詳しい聞き取り，保護者の外傷の原因を確認する場合等の注意事項が記載されている。

(2) 児童相談所の調査や一時保護と学校

児童相談所が児童虐待の調査を行う際，児童が学校に通っている場合には，児童相談所の職員から学校において児童と面談して安全確認を行い，事情を聴取したいという依頼があることがある。また，場合によっては，児童相談所職員が学校において児童と面談し，そのまま児童に対する一時保護がなされることもある。

このような場合において，学校から保護者に対し，児童相談所の職員による児童との面談の予定があること，実際に児童との面談がなされたこと，児童との面談の内容等については，決して情報共有をするべきではない。学校から保護者に児童相談所の動きを伝えてしまうと，保護者から児童に対して，面談に応じない，虐待を否定するなどの働きがなされたり，児童を学校に通わせなくなる，児童を連れて転居し学校や児童相談所との関係を絶つなどの行為に出たりして，児童相談所による児童の安全確認，一時保護を阻害し，児童の生命又は身体に危険が及ぶ可能性があるからである。保護者から，児童相談所の動きに関する質問や苦情があったとしても，学校には児童虐待の調査をしたり一時保護をしたりする権限も責任もないのであるから，「児童相談所の判断に学校は関知しない。」，「学校の権限外であり何も話さない。」などと保護者から距離を取った対応をすることが重要である。

児童に対して一時保護の措置が取られ，児童が一時保護所に入所した場合には，先に述べたとおり，児童が学校に通うことができないのが通例である。学校の教職員が一時保護所に出向いて児童の様子を確認したり学習支援を行ったりすることも，一時保護所が認めないことが多い。一時保護所は，児童の安全を確保し心身の安定を図ることを最優先と考え，学校の教職員が一時保護所の場所を漏らしたり，虐待を受けた児童に悪影響を与える言動をしたりすることを懸念していると推測される。

もっとも，現在ではオンライン学習の環境も整いつつあり，教職員が一時保護所に通わずに，虐待を受けた児童への対応に習熟した教職員や教育委員会職員のみが学習支援を行うことも技術的には可能なのであるから，教育委員会から積極的に問題提起を行い一時保護所との間で学習支援の方法を定めることも検討すべきである。

（3）　小括

学校は保護者との情報共有を密にして信頼関係を構築すべきであると言われるし，教職員には，「子どものため」にできる限りのことをしてあげたいという考えを持つ者も多い。しかし，児童虐待という場面では，学校が保護者と情報共有をしてはならなかったり，教職員が専門機関に対応を委ね保護者から距離を取るべきであったりすることに十分に留意すべきである。

特に，児童虐待の調査，一時保護の場面では，児童相談所，保護者ともに敏感であり，学校が守るべき情報を守らない，不正確な見通しを伝えるなどのことにより，児童相談所からも保護者からも不信感を持たれて以後の虐待対応に支障をきたすことがある。学校が教職員，スクールカウンセラー，スクールソーシャルワーカーなども含めたチームとして対応を統一し[*8]，保護者への対応を行う窓口を限定する，特に注意すべき情報は特定の教職員の間でのみ共有するといったことも必要となるのである。

＊8　学校が「チームとしての対応」を行うべきことは，「学校・教育委員会等向け　虐待対応の手引き」16頁，34頁でも指摘されている。

参考文献

文部科学省『学校・教育委員会等向け虐待対応の手引き』令和２年６月改訂版
日本弁護士連合会子どもの権利委員会編『子どもの虐待防止・法的実務マニュアル（第７版）』（明石書店，2021）
山田知代「児童虐待」黒川雅子・山田知代編著『生徒指導・進路指導』（学事出版，2014）

演習問題

以下の文章について，妥当なものには○，妥当でないものには×を付し，×を付けたものについては簡単にその理由を記載せよ（条文や判例を挙げるのでもよい。）。

1．児童虐待の防止等に関する法律における「児童虐待」には，いわゆる身体的虐待，性的虐待，ネグレクト，心理的虐待があるが，相談件数としては心理的虐待が最も多い。

理由：＿＿＿＿＿＿＿＿＿＿＿＿＿＿＿＿＿＿＿＿＿＿＿＿＿＿

＿＿＿＿＿＿＿＿＿＿＿＿＿＿＿＿＿＿＿＿＿＿＿＿＿＿

2．児童虐待の防止等に関する法律における「児童」は，「小学校の学齢年齢相当の者」をいうから，通常は満６歳から満12歳の者のことである。

理由：＿＿＿＿＿＿＿＿＿＿＿＿＿＿＿＿＿＿＿＿＿＿＿＿＿＿

＿＿＿＿＿＿＿＿＿＿＿＿＿＿＿＿＿＿＿＿＿＿＿＿＿＿

3．親権者による子どもに対する体罰は，しつけを目的としていても禁止されているが，しつけを目的としている限り，体罰により子どもが負傷しても傷害罪に問われることはない。

理由：＿＿＿＿＿＿＿＿＿＿＿＿＿＿＿＿＿＿＿＿＿＿＿＿＿＿＿＿

＿＿＿＿＿＿＿＿＿＿＿＿＿＿＿＿＿＿＿＿＿＿＿＿＿＿＿＿

4．児童の一時保護を行うためには，裁判官による審査が必要であったが，一時保護を迅速に行うため，2022（令和４）年の児童福祉法改正により，これが施行された後は，児童相談所長の判断のみで行うことができるようになった。

理由：＿＿＿＿＿＿＿＿＿＿＿＿＿＿＿＿＿＿＿＿＿＿＿＿＿＿＿＿

＿＿＿＿＿＿＿＿＿＿＿＿＿＿＿＿＿＿＿＿＿＿＿＿＿＿＿＿

5．児童虐待を疑われた保護者は強い不安を感じているのであり，学校の教職員は，児童相談所による調査の状況や一時保護が行われるか否かについての情報をできる限り収集し，保護者に共有して不安を解消するよう努めるべきである。

理由：＿＿＿＿＿＿＿＿＿＿＿＿＿＿＿＿＿＿＿＿＿＿＿＿＿＿＿＿

＿＿＿＿＿＿＿＿＿＿＿＿＿＿＿＿＿＿＿＿＿＿＿＿＿＿＿＿

13 学校運営と個人情報

川　義郎

《目標＆ポイント》 学校運営には，児童・生徒の氏名をはじめとする個人情報の活用が必要不可欠である。そのため，学校では情報を活用する前提として，まず①個人情報の収集が行われることとなる。収集された情報は，②学校運営の過程で蓄積されることとなり，蓄積された個人情報は消去しない限り学校に残ることとなる。したがって，学校運営に当たっては，①個人情報の収集の側面，及び②蓄積した個人情報の管理の側面に際し，適切に取り扱う必要がある。

本章では，日本国憲法，及び個人情報保護法等関係する法令を俯瞰した上で，プライバシー権及び個人情報保護法制と関連して，情報の収集及び管理といった個人情報の取扱い，並びに要配慮個人情報への配慮等，学校運営における個人情報の取扱いについて論じる。

《キーワード》 個人情報，要配慮個人情報，プライバシー権，個人情報保護制度，情報公開

1. 個人情報の意義及び日本国憲法・法令上の位置付け

（1） 個人情報とは

個人情報については，一般に，個人情報の保護に関する法律[*1]（以下「個人情報保護法」という。）が定める定義が用いられている。同法の該当部分である２条１項は次のとおりである。

個人情報保護法２条１項

この法律において「個人情報」とは，生存する個人に関する情報であって，次の各号のいずれかに該当するものをいう。

＊1　本章では特に断りがない限り2023（令和５）年４月１日施行のものをいう。

一　当該情報に含まれる氏名，生年月日その他の記述等（中略）により特定の個人を識別することができるもの（他の情報と容易に照合することができ，それにより特定の個人を識別することができることとなるものを含む。）
二　個人識別符号が含まれるもの

一見しただけでは，何をもって個人情報というのか，わかりにくいというほかない。これは法律が一般的抽象的な法規範であるという性質上，個人情報に含めるべき情報を過不足なく含み，二義的な解釈をできる限り排除することを求めたことによるものといえる。一般的には，「生存する個人に関する情報であって，特定の個人を識別することができるもの」と理解すればよいだろう。学校においては，児童・生徒の氏名，住所，生育歴及び成績評価を記載した書類が個人情報に当たることはもちろんとして，これらの情報を内容とするデータ，音声・画像データも個人情報である。

さらに，個人情報保護法２条３項では，「要配慮個人情報」を定めている。

個人情報保護法２条３項

この法律において「要配慮個人情報」とは，本人の人種，信条，社会的身分，病歴，犯罪の経歴，犯罪により害を被った事実その他本人に対する不当な差別，偏見その他の不利益が生じないようにその取扱いに特に配慮を要するものとして政令で定める記述等が含まれる個人情報をいう。

要配慮個人情報については，個人情報保護法20条２項により，原則としてあらかじめ本人の同意を得なければ取得してはならないとされている。学校現場においては，特に家族関係や精神的な疾病がこれに当たる。

（2） 日本国憲法との関係

それでは，学校運営における個人情報の取扱いは，日本国憲法上どう位置付けられるのだろうか。公立学校と私立学校における個人情報の取扱いについて述べた上で，個人情報に関する日本国憲法上の位置付けについて考えていきたい。

ア）公立学校について

まず，公立学校においては，「法律による行政」の原則の下，学校教育法が，学校の設置に関して次のとおり定めている。すなわち，同法に基づき地方公共団体は学校を設置し（2条），設置した学校を管理する（5条)。そして，地方公共団体は，個人情報保護法，及び当該地方公共団体が制定しているのであれば個人情報保護条例に基づき個人情報を管理するとともに[*2]，第三者から情報の提供を求められた場合については，情報公開条例に基づいて対応することとなる[*3]。

したがって，個人情報の収集及び管理，並びに第三者からの情報公開請求については，本来的には当該学校を設置する地方公共団体，具体的には教育委員会法に基づき設置された市町村（特別区を含む。同法3条1項）の教育委員会が行う，というのが法の建前であり，個別の学校は教育委員会の管理下において，これらを実施するものとされる。そのため，違法な個人情報の収集，又は第三者に対する提供・漏洩により損害が生じた場合には，当該地方公共団体が，被害者に対し国家賠償法1条1項に基づく損害賠償責任を負うこととなる。

＊2　個人情報保護法60条5項は，条例要配慮個人情報について，「地方公共団体の機関又は地方独立行政法人が保有する個人情報（要配慮個人情報を除く。）のうち，地域の特性その他の事情に応じて，本人に対する不当な差別，偏見その他の不利益が生じないようにその取扱いに特に配慮を要するものとして地方公共団体が条例で定める記述等が含まれる個人情報をいう。」と定めている。

＊3　行政機関の保有する情報の公開に関する法律において，行政機関に地方公共団体は含まれていない（同法2条1項参照)。

イ）私立学校について

私立学校においては契約自由の原則が妥当する。そのため，基本的には私立学校を運営する学校法人（又は株式会社。以下併せて「学校法人等」という。）と児童・生徒との間の契約（一般に「在学契約」といわれている。）又はこれに附随する契約によって，個人情報に関する取り決めがなされることとなる。

もっとも，学校法人等は，個人情報保護法における個人情報取扱事業者に当たることから（16条２項本文），同法17条以下の規律に服することとなる。

したがって，学校法人等が，在学契約又は個人情報保護法の規律に反して個人情報の収集や管理に関し児童・生徒に損害を生じさせたときには，当該児童・生徒に対し，民法上の債務不履行に基づく損害賠償責任（415条）を負うこととなる（不法行為に基づく損害賠償責任（709条）とは請求権競合となる。）。

ウ）個人情報の収集・管理に関する日本国憲法上の権利について

日本国憲法は個人情報の保護について明文で定めていない。しかし，児童・生徒は日本国民として[*4]，自己の情報に関し，日本国憲法上一定の保護を受けるものとされる。

すなわち，もともと日本国憲法は，身体に対する拘束からの自由として奴隷的拘束・苦役からの自由を定め（18条），精神的自由として，思想・良心の自由を規定している（19条）ものの，個人に関する「情報」に対する保障については明文の規定をおいていなかった。

しかし，様々な行政活動の結果，国や地方公共団体といった公権力の下に個人情報が蓄積することは当然のことである上，その情報量が増加していくにつれ，情報を収集される側の国民において，公権力の行使に

＊4　児童・生徒が外国人である場合であっても，マクリーン事件（最高裁判所大法廷判決昭和53年10月４日）の判旨に従えば，それぞれ権利の性質上日本国民のみをその対象としているとは解されないであろう。

よって私生活をみだりに公開されない法的保障ないし権利が議論されるようになった。その結果，個人情報の保護については，日本国憲法13条に基づく幸福追求権から導き出される「新しい人権」として，日本国憲法上保障されるべきであるということが主張されるようになった。

最高裁判所も，立命館大学の学生がデモ行進を行うに際し，これを写真撮影していた警察官に対し暴行を行ったという事案で，（肖像権と称するかどうかは別として）「個人の私生活上の自由の１つとして，何人も，その承諾なしに，みだりにその容ぼう・姿態を撮影されない自由を有する」ことを認めるとともに（京都府学連事件）[*5]，弁護士から，弁護士会を通じて弁護士法23条の２に基づきある者の前科の照会を受けた自治体がこれに回答したという事案で，前科・犯歴は「人の名誉，信用に直接にかかわる事項であり，前科等のある者もこれをみだりに公開されないという法律上の保護に値する利益を有する」とした（前科照会事件）[*6]。

これらの判例は，個人の私的領域に他者を無断で立ち入らせないという自由権的なプライバシーの権利を認めたものである。このうち，京都府学連事件の判例は，個人情報の「収集」に関する側面，前科照会事件の判例は，収集した個人情報の「管理」に関する側面であるということができる。

エ）情報プライバシー権

情報処理技術の発達により，国及び地方公共団体，さらに企業や一部の個人などが，これまでとは比べものにならないほどの膨大な量の個人情報を収集し管理することが可能となった。もっとも，収集された情報について，内容が誤っていたり，また収集当時は正しい情報であったとしても，その後の事情の変化により実態が当時の情報と合致しなくなり，結果的に収集された情報と実態が乖離するという場合が生じることとな

＊5　最高裁判所大法廷判決昭和44年12月24日。

＊6　最高裁判所第三小法廷判決昭和56年４月14日。

る。この場合，公権力に対しては，「自己に関する情報をコントロールする権利」（情報プライバシー権）として，誤っていたり適切ではなくなった自己の情報について，抹消又は訂正請求を認めることが必要であると考えられるようになった。

この情報プライバシー権については，1988（昭和63）年，「行政機関の保有する電子計算機処理に係る個人情報の保護に関する法律」が成立し，行政機関に対する個人情報の開示請求が認められるとともに，2003（平成15）年に同法を全面改正する形で成立した「行政機関の保有する個人情報の保護に関する法律」（以下「行政機関個人情報保護法」という。）では，当該行政機関が保有する個人情報の訂正（追加又は削除を含む。）請求が認められることとなった。

同法の制定に伴い，多くの地方公共団体では，個人情報保護条例において同趣旨の規定が設けられることとなり，地方公共団体が保有する自己情報の開示及び訂正については，この条例に従い行われることとなった。

さらに，2020（令和２）年及び2021（令和３）年，それまで国及び民間事業者を規律の対象とし，行政機関，地方公共団体及び独立行政法人等を対象から除外していた個人情報保護法が改正され，行政機関個人情報保護法及び独立行政法人等の保有する個人情報の保護に関する法律（以下「独立行政法人等個人情報保護法」という。）と併せて一本化されるとともに，地方公共団体も規律の対象とされた（2023（令和５）年４月１日施行）。すなわち，地方公共団体は，従前と同様「行政機関」には含まれないものの，改正後は「行政機関等」に含まれるものとして規律の対象とされた（同法２条11項２号）。

その結果，自己の個人情報については，法律によって開示が認められることとなった（同法76条以下）。

オ）私人間における個人情報の保護

私人間に関しても，2003（平成15）年，個人情報保護法が制定された際，国及び個人情報取扱事業者に対し，個人情報の開示請求及び訂正請求が認められることとなった。そして，2017（平成29）年からは，個人情報保護法等の改正により，個人情報保護委員会が定める全ての事業分野に共通に適用される「個人情報の保護に関する法律についてのガイドライン（通則編）」等に沿うべきこととなった[*7]。

（3） 第三者からの情報公開請求について

これまで主に個人情報の対象者との関係で，個人情報に関する憲法上の位置付けについて見てきた。これに対し，情報を保有する者に対し，第三者が情報の公開を求める場合はどうか。国又は地方公共団体に対し，保有する情報の公開を求めることが権利として認められるかどうかという点について，日本国憲法及び法令上の根拠を見てみよう。

ア）知る権利

学校を設置する地方公共団体は，地域住民，報道機関及び研究者などから情報の公開を求められることがある。ここで求められる情報の中には，児童・生徒の画像，成績評価，運動の記録及び指導歴など個人情報が含まれるものがある。この情報を保有する機関に対し，その保有する情報の公開を求めることができるという権利は「知る権利」と称され，日本国憲法21条が保障する「表現の自由」に含まれるものとされている。

すなわち，もともと表現の自由は，思想・情報を発表し伝達する自由，とされていた。しかし，20世紀に入り，新聞，出版，ラジオ及びテレビなどのマスメディアが発達することにより，大量の情報を不特定多数の者に発信することが可能なマスメディアという情報の送り手と，もっぱら発信された情報の受け手としての一般国民，という構造が顕著になっ

＊7　文部科学省高等教育局私学部私学行政課平成29年５月25日付け事務連絡。

た。そのため，表現の自由については一般国民の側から再構成することとし，表現の受け手の自由である知る権利としても保障したもの，と考えられるようになった。このことは，表現の自由を支える，「個人が言論活動を通じて自己の人格を発展させる」という自己実現の価値という側面と，「言論活動によって国民が政治的意思決定に関与する」という自己統治の価値という側面にそれぞれ沿うものといえる。

イ）情報公開条例の制定

もっとも，この知る権利の「国家からの自由」という自由権的側面については，伝統的な自由権として保障されるものの，行政機関に対して情報の公開を求めるという国務請求権ないし社会権としての側面については，具体的な権利として認める立法が必要である。この点について，従来，地方公共団体の一部においては具体的な権利として条例を制定していたところ，1999（平成11）年，「行政機関の保有する情報の公開に関する法律」が成立し，国の機関が保有する情報の開示が認められることとなった（３条）。これを受け，地方公共団体でも第三者からの情報公開請求に対応する情報公開条例が全国的に制定された。

情報公開条例制定以降は，学校の設置者である地方公共団体に対する情報公開請求は，当該地方公共団体の条例に基づき，当該地方公共団体に対して行うことができるようになった。

なお，私立学校に関しては，第三者からの情報公開請求に対してこれに応じる義務はなく，あくまでも運営する学校法人の任意によることとなる。

（４） 忘れられる権利について

私人間においては，契約関係又は何らかの法律上の規定がない限り，相手方が保有する情報について，公開や削除を求めることはできないのが原則である。

しかし，2001（平成13）年，フランスの裁判所において，検索エンジンを運営する会社に対して自己の画像情報の消去を求める請求が認められた。この事件以降，ヨーロッパを中心に「忘れられる権利」が自己の情報を消去する権利として議論されるようになり，その後，欧州議会で「消去権」として規則化され，2018（平成30）年５月から施行された。

日本においても，検索エンジンを運営する会社に対し，自己の「検索結果を仮に削除せよ」とする命令を求める仮処分の申し立てがなされた事件において，さいたま地方裁判所がこれを認める決定を行った[*8]。もっとも，保全抗告審[*9]である東京高等裁判所は，「『忘れられる権利』は，そもそも我が国において法律上の明文の根拠がなく，その要件及び効果が明らかではない。……その実体は，人格権の一内容としての名誉権ないしプライバシー権に基づく差止請求権と異ならないというべきである。」として，忘れられる権利について固有の新たな権利としての性質を否定し，原決定及び仮処分決定を取り消した[*10]。そして，最高裁判所は，許可抗告審において，「忘れられる権利」については直接言及しなかったものの，「検索事業者が，ある者に関する条件による検索の求めに応じ，その者のプライバシーに属する事実を含む記事等が掲載されたウェブサイトのURL等情報を検索結果の一部として提供する行為が違法となるか否かは，当該事実の性質及び内容，当該URL等情報が提供されることによってその者のプライバシーに属する事実が伝達される範囲とその者が被る具体的被害の程度，その者の社会的地位や影響力，上記記事等の目的や意義，上記記事等が掲載された時の社会的状況とその後の変化，上記記事等において当該事実を記載する必要性など，当該事実を公表されない法的利益と当該URL等情報を検索結果として提供

＊8　さいたま地方裁判所決定平成27年６月25日，同決定平成27年12月22日。
＊9　さいたま地方裁判所の仮処分を認める決定に対する異議を審理する手続である。
＊10　東京高等裁判所決定平成28年７月12日。

する理由に関する諸事情を比較衡量して判断すべきもので，その結果，当該事実を公表されない法的利益が優越することが明らかな場合には，検索事業者に対し，当該URL等情報を検索結果から削除することを求めることができるものと解するのが相当である」として削除請求が認められる場合について認めつつ，本件の事案においては仮処分命令を求めた抗告人の抗告を棄却した*11。

この事件は，検索エンジン会社としての表現の自由と，その表現行為によって不利益を受ける者のプライバシーの利益との衝突という問題である。すなわち，情報が誤っていた場合の訂正や抹消とは異なり，情報自体には誤りはないものの，自己の不利益な情報を公開するという表現行為を行う者に対し，情報の抹消を請求することが認められるか，という問題である。学校運営に当たり，不利益情報の抹消請求ということは起きにくいと思われるものの，例えば学校による表彰行為など，一般的には不利益情報と考えられない情報でもその抹消が求められることはあり得る。その際，学校としてどのような対応をすべきか，ということが今後問題となる。

2. 学校運営における個人情報の取扱いに関する諸問題

(1)　学校運営における情報管理の問題点

日本の学校は，一般的にいってプライバシー問題に対して無頓着すぎるといわれている*12。その原因の一つには，時々刻々と変容する学校現場において，意図する場合はもちろんのこと，意図しなくても，児童・生徒，保護者，教職員及び近隣住民等による提供により膨大な個人情報が日々収集されてしまうため，一つ一つの個人情報に対する管理の徹底

*11　最高裁判所第三小法廷決定平成29年1月31日。

*12　坂田仰，田中洋『補訂第2版　教職教養日本国憲法―公教育の憲法学的視座』八千代出版（2011年）47頁。

が困難になるという実情がある。

しかも，児童・生徒に対する教育という側面では，できる限り多くの正確な情報を収集することが有用である反面，個々の教員が業務過多により長時間勤務を余儀なくされることから，個人情報の取扱いを誤ることが少なくない。

また，個人情報の管理に関する過誤の原因については，学校情報の特殊性に起因するものではなく，単に教職員側の不注意や意識の低さに基づくものであるという指摘がなされている[*13]。

確かに，本稿に挙げる事例や実際に起きている問題からすると，最終的には特定の教職員の不注意又は意識の低さ，あるいはその双方に起因するものが多い。しかしながら，多数の教職員が勤務する学校現場において，個々の教職員の不注意による過誤が生じることは十分予測可能である上，意識が高まらない教職員が常に存在することも，実態として認めざるを得ないのが現実である。

そのため，学校現場においては，過重労働を防止するなど不注意による過誤が生じない仕組みを構築し，研修の実施により全体の意識を高める方策をとるとともに，制度やシステムとして情報管理の問題に取り組む必要がある。もっとも，一般社会においては，情報流出を過度に恐れるあまり，セキュリティ対策が厳重になった結果，業務の遅滞を招くという事例をあまた目にする。そのため，具体策としては，役職等により形式的に情報アクセス権を与えるのではなく，教員の特性に合わせて程度が異なる情報アクセス権を与えるという柔軟な方法なども考えられる。

以下，学校現場における情報管理に関し，裁判となった事案やメディアで報道された事案を含め，実際の事例における問題を検討する。

＊13　岩橋健定「学校教育と情報法制」坂田仰編著『改訂版　学校と法―「権利」と「公共性」の衝突』放送大学教育振興会（2016年）184頁。

（2）　情報の収集に関して——住所・家族構成・稼働先など

近時の学校実務においては，児童・生徒の住所，家族構成及び保護者の稼働先などの情報につき，個人情報であることを理由に収集を控える学校が見受けられる。

確かに，情報の流出に関する問題を防ぐために基となる情報を収集しない，というのは一つの考え方ではある。しかし，生活に関連する指導については，その児童・生徒がどのような家庭環境で生活しているかということを知り，保護者と協働して指導に当たることが効果的である。なお，学校がこのような個人情報を収集した場合，その管理を個々の教職員に行わせるとなると，入力作業が過重な業務となるほか流出の危険性も高まるので，教育委員会を通じ，専門の業者等に委託することが考えられる[*14]。

（3）　情報の管理に関して——個人情報の持ち出し禁止の徹底

競艇場で通信簿を作成していた教員が，その画像を撮影されてインターネット上で公開されるという事態が生じたことは，記憶に新しい。この事例を見ると，意識が低い教職員に対しモラルの向上を求めることだけでは不十分で，テストの採点や提出物の添削，成績のデータ入力などといった個人情報の処理に関する業務に関し，校外で行うことを一律に禁止することを徹底するほかない[*15]。

この際，個人情報の持ち出しを禁止することにより，教職員の学校への滞留時間が長くなるという現象が生じるのであれば，教育委員会及び

＊14　スマートフォンが普及した現代においては，書類の提出を受けるのではなく，入力作業を保護者に依頼することも可能であろう。

＊15　この点につき，現場の教員からは，情報処理作業に関して時間・場所の固定化がなされることによる不満が生じる事例も少なくない。しかし，教員の業務において，結果的に一定の時間を要する情報処理作業を行わなければならないのには変わりがないことからすると，一定の時間・場所において集中して作業を行うことによる効率化が図れることからすれば，作業時間の短縮という利点も存するものといえる。

校長は，提出書類の削減や業務の簡素化を図るなど，各教職員が勤務時間内に業務を終了させることができるための方策をとらなければならない。そうでなければ，いったんは個人情報の持ち出しを禁止できたとしても，再度持ち出す者が生じてしまうのが実情である。

(4) 個人情報の開示請求

学校に対する個人情報の開示請求として，児童・生徒から自己の指導要録の開示が求められる場合がある。この点について，東京都大田区の区立中学の生徒が区に対し当時の公文書公開条例に基づき自己の小学校在籍当時の指導要録の開示を求めたところ，区がこれを全面非開示としたため，非開示決定の取消し等を求めた事案がある。

この事案において，第1審は，指導要録の非開示決定の一部取消しを認めたものの[*16]，控訴審は，「児童又はその保護者に開示されることを前提としながら，指導要録に当該児童のプラス面，マイナス面を問わず，総合的にかつありのままにその学習や生活状況等を記載することも相当困難である」などとして大田区の主張を認め，原判決のうち大田区が敗訴した部分を取り消し，生徒による非開示決定の取消請求を棄却した[*17]。

しかし，最高裁判所は，控訴審判決を破棄し，指導要録のうち一部について「児童の日常的学習の結果に基づいて学習の到達段階を示したものであって，これには評価者の主観的要素が入る余地が比較的少ないもの」であるとして非開示決定を取り消した[*18]。すなわち，控訴審判決が，本件指導要録の裏面のうち「各教科の学習の記録」欄中の「Ⅲ　所見」欄，「特別活動の記録」欄及び「行動及び性格の記録」欄の部分に記録されている情報について，これが1997（平成9）年当時の大田区公文書開示条例の非開示情報に該当するとした部分は，正当として是認するこ

＊16　東京地方裁判所判決平成9年1月17日。

＊17　東京高等裁判所判決平成10年10月27日。

＊18　最高裁判所第三小法廷判決平成15年11月11日。

とができるとした上で，本件指導要録の裏面のうち「各教科の学習の記録」欄中の「Ⅰ　観点別学習状況」欄及び「Ⅱ　評定」欄並びに「標準検査の記録」欄の部分に記録されている情報については，「児童の日常的学習の結果に基づいて学習の到達段階を示したものであって，これには評価者の主観的要素が入る余地が比較的少ないものであり，３段階又は５段階という比較的大きな幅のある分類をして，記号ないし数字が記載されているにすぎず，それ以上に個別具体的な評価，判断内容が判明し得るものではない」として，非開示情報に該当するとした部分は，是認することができないとした。

この最高裁判例は，当時の大田区の公文書開示条例に関する事例判例（当該事案の個別具体的な事情においてのみ適用される法理を判示するもの）であるため，全ての指導要録の開示請求について一般化することはできないものの，指導要録の一部につき開示請求を認めた，という点で一定の意義を有するものといえる。

児童・生徒の情報プライバシー権の重要性からすると，指導要録は，自己の学校活動における評価が記載されたものであるから，開示されることが原則であるといえる。また，複数の教員が児童・生徒に対する指導に用いるという指導要録の目的・性質からすると，記載した教員の性格を加味して検討せざるを得ないような主観的な要素は本来記載すべきではなく，あくまでも「○月○日，～をした。」などという客観的事実，及び各教科別の３段階又は５段階というある程度幅のある評価の記載等に徹すべきものといえる。そのような観点から，指導要録の作成・記載に当たっては，評価者の主観的要素を可及的に排除するとともに，上記最高裁判決の趣旨に鑑み，全面開示する方向性が望ましい。

（5） 情報公開請求

第三者による情報公開請求においては，様々な情報がその対象とされる。現時点においても，学校行事に関する情報，修学旅行等に関する業者の選定・代金額の決定方法に関する情報，定期試験や入学試験の内容及び結果，並びに学校が作成するいじめに関する報告書など，ありとあらゆる情報について情報公開請求がなされている。さらに，今後は人工知能（AI）の普及に伴い，その基礎資料として，従前は公開請求の濫用とされていたような大量の情報公開請求についても認められる可能性がある[*19]。

そのため，今後学校で作成する書類や各種データに関しては，公開されることを前提として作成することが望まれる。

私立学校については，直接は情報公開請求の対象とはならないものの，他の学校との差別化を図るという政策的理由から，自らWebページを通じて情報発信をすることが考えられる。

（6） PTAとの関係

PTAとは一般に，「学校等に在籍する児童生徒等の保護者及び当該学校の教職員で構成される団体」をいう（PTA・青少年教育団体共済法2条参照）。PTAに関しては，本来は，学校及び学校を設置する地方公共団体とは別個の組織でありながら，学校と一体化した「強制加入団体」としての運営がなされている場合もあり，近時様々な問題が生じているところである。例えば，かつて文部科学省は，学校給食費の滞納解

＊19　2015（平成27）年3月27日，各府省官房長等で構成する各府省情報化統括責任者（CIO）連絡会議において，「Webサイト等による行政情報の提供・利用促進に関する基本的指針」が決定され，その中で「「行政機関の保有する情報の公開に関する法律」に基づき開示した情報及び当該情報と同様の取扱いが可能と考えられる同種の情報で，反復継続的に開示請求が見込まれるものについては，原則としてWebサイトによる提供を図る」ものとされた。現時点ではまだ具体的な活用がなされていないということであるものの，今後大量の情報公開請求が見込まれることからすると，望ましい対応であるといえる。

消の手立てに関し，「成果を上げた取組として，PTA役員の協力を得て保護者に対して学校給食費の納入を促したことが報告されている」[*20]として，学校からPTA（役員）に対し，学校給食費の滞納者及び滞納金額の情報が開示されていたことを推認させるような通知を発していた。当然のことながら，学校又は地方公共団体が学校給食費を管理している場合，滞納者及び滞納金額は滞納者のプライバシーに属する事情であり，PTAであっても学校は絶対に開示してはならない。

また，学校が保有する情報のPTAへの提供という点でも，例えば学校が行事の際に撮影した写真・動画について，PTAが主催する謝恩会で使用してよいかという質問などは，学校現場では実際の回答に窮する問題である[*21]。

参考文献

文中に記載したもののほか

山口卓男編著『新しい学校法務の実践と理論～教育現場と弁護士の効果的な連携のために』（日本加除出版，2014）

芦部信喜（高橋和之補訂）『憲法　第八版』（岩波書店，2023）

＊20　「「平成22年度における子ども手当の支給に関する法律」等の施行と学校給食費の未納問題への対応について」（平成22年５月14日付け22ス学健第４号）別添学校給食費の未納問題への対応についての留意事項（http://www.mext.go.jp/b_menu/hakusho/nc/attach/1294185.htm，最終アクセス2017年７月７日）。

＊21　一般に，学校行事に際しては学校が委託した業者が写真・動画の撮影を行うところ，そのデータが学校に提供された場合には，個人情報の開示請求の対象となるのか，また，学校が児童・生徒から行事の際の写真・動画の撮影及び校内誌への掲載につき包括的に同意を受けている場合，学校の教職員ではなくPTAが撮影した写真・動画についても同意が及ぶのかなど，問題は多い。基本的には常識的に判断すべき事項ではあるものの，実際に保護者からのクレームを受けた場合，学校としては対応に苦慮する事象が多々ある。

演習問題

以下の文章について，妥当なものには○，妥当でないものには×を付し，×を付けたものについては簡単にその理由を記載せよ（条文や裁判例を挙げてもよい）。

1．「知る権利」は，表現の自由を支える「個人が言論活動を通じて自己の人格を発展させる」という自己実現の価値という側面と，「言論活動によって国民が政治的意思決定に関与する」という自己統治の価値という側面からなる。

理由：＿＿＿＿＿＿＿＿＿＿＿＿＿＿＿＿＿＿＿＿＿＿＿＿＿＿＿＿

＿＿＿＿＿＿＿＿＿＿＿＿＿＿＿＿＿＿＿＿＿＿＿＿＿＿＿＿

2．公立学校が，児童又は生徒の保護者から，情報の開示を求められた場合，他の児童又は生徒の個人情報の漏洩に当たらないかどうかを考える必要がある。

理由：＿＿＿＿＿＿＿＿＿＿＿＿＿＿＿＿＿＿＿＿＿＿＿＿＿＿＿＿

＿＿＿＿＿＿＿＿＿＿＿＿＿＿＿＿＿＿＿＿＿＿＿＿＿＿＿＿

3．学校がPTAに学校給食費の滞納者のリストを渡すことは，適法である。

理由：＿＿＿＿＿＿＿＿＿＿＿＿＿＿＿＿＿＿＿＿＿＿＿＿＿＿＿＿

＿＿＿＿＿＿＿＿＿＿＿＿＿＿＿＿＿＿＿＿＿＿＿＿＿＿＿＿

4．教員が，生徒が所有するスマートフォンの中に同級生の女子生徒の裸の画像データが存することが目視によって確認できた場合，生徒に自ら消去することを求めるのがよい。

理由：＿＿＿＿＿＿＿＿＿＿＿＿＿＿＿＿＿＿＿＿＿＿＿＿＿＿＿＿

＿＿＿＿＿＿＿＿＿＿＿＿＿＿＿＿＿＿＿＿＿＿＿＿＿＿＿＿

5．学校が，卒業生から在学中の画像の削除を求められた場合，学校にはこれに応じる義務がある。

理由：＿＿＿＿＿＿＿＿＿＿＿＿＿＿＿＿＿＿＿＿＿＿＿＿＿＿＿＿＿＿

＿＿＿＿＿＿＿＿＿＿＿＿＿＿＿＿＿＿＿＿＿＿＿＿＿＿＿＿＿＿

14 教員の非違行為と法

山田知代

《目標＆ポイント》 飲酒運転や体罰，わいせつ行為といった教員の不祥事が，連日のようにマスメディアに取り上げられている。こうした教員の不祥事は，教育界全体から見れば一部の教員の行為に過ぎない。しかし，社会からは格好の批判の対象となり，教員全体に対する信頼を著しく低下させる要因となっている。

公立学校の教員が非違行為を行った場合，その行為に対する行政上の責任追及として，地方公務員法上の「懲戒処分」が行われる可能性がある。本章では，教員の非違行為と法の関係について，懲戒処分という観点から，その性格や懲戒処分を巡る状況を概観していく。

《キーワード》 非違行為，懲戒処分，地方公務員法，懲戒処分の処分基準，不祥事

学校に対する児童・生徒，保護者，地域の「信頼」は，学校に寄せられる期待に真摯に応えようとする“教員の姿”によって培われる部分が大きい。その意味において，学校に対する信頼は，より良い学校づくりを目指し，資質や指導力の向上に向けて日々研究と修養を重ねる教員一人ひとりに対する信頼の結集であると言っても過言ではない。

だが，残念なことに，教員の中には非違行為を行い，その責任を問われる者が少なくない。飲酒運転，わいせつ行為，体罰等に代表される教員の非違行為は，マスメディア等において度々取り上げられ，社会的非難の対象となっている。こうした教員の非違行為は，当該非違行為を行った教員個人に対する非難に止まらず，多くの教員がそれまで築き上

げてきた信頼を一瞬にして覆すものである。ことの重大性ゆえに，その責任追及は，地方公務員法に規定する「懲戒処分」という形で現れることになる。

1．懲戒処分を巡る状況

公立学校の教員は，地方公務員としての身分を有し，地方公務員法の適用を受ける。それゆえ，公立学校の教員が飲酒運転，体罰，わいせつ行為等の非違行為を行った場合，地方公務員法に定める「懲戒処分」の対象となる[*1]。

懲戒処分とは，公務員の勤務関係の秩序を維持するため，公務員の個別の行為に対しその責任を追及し，公務員に制裁を課すものである。ある組織を維持し存続させていくためには，組織の内部において，一定の秩序を維持する必要がある。組織の構成員がその秩序を危うくした場合，それを放置していては組織が組織として機能できなくなる可能性が高い。これを回避するために，その秩序を乱した行為に対して一定の制裁を加え，失った秩序を回復させることが求められることになる。懲戒処分は，このような考え方に基づくものであり，公務員関係の秩序を乱す行為を行った公務員に対し，行政上の「制裁」として行われるものである[*2]。

では，懲戒処分を受ける公立学校の教員は，どのくらいいるのだろうか。文部科学省は，毎年，教職員の懲戒処分等の状況を公表している（公立学校教職員の人事行政状況調査について）。この調査によれば，2021（令和３）年度に，当事者責任として懲戒処分を受けた教育職員[*3]

＊1　なお，私立学校の教員の場合には，通常，学校法人の定める就業規則によって，懲戒に関する規定が整備されている。本章では，主として，公立学校の教員の懲戒処分を扱う。

＊2　懲戒処分は，職員にとって不利益な処分であるが，同じく職員に不利益を課す処分に，分限処分がある。分限処分は，公務の能率の維持向上のために行われ，必ずしも職員の道義的責任を追及するものではなく，懲戒処分とはその目的を異にしている。

の数は702人であり，前年度に比べて９人減少している。他方，懲戒処分にまで至らなかった例，すなわち「訓告等」までを含めると，その数は4,674人に跳ね上がる。

「その他の服務違反等」260人（37%）を除くと，懲戒処分を受けた事由として最も多いのは「性犯罪・性暴力等」*4で192人（27%）である。次いで多いのが，「交通違反・交通事故」で160人（23%），「体罰」90人（13%）がこれに続いている。

「性犯罪・性暴力等」，そして「交通違反・交通事故」の中でも「飲酒運転」については，処分量定が重いのが特徴的である。例えば，「性犯罪・性暴力等」の場合，懲戒処分を受けた192人中，免職が119人（62%），停職が50人（26%）であり，両者を合わせると約９割に上る。「飲酒運転」についても，懲戒処分38人中，免職が18人（47%），停職が20人（53%）であり，全ての処分が免職又は停職となっている。これに対し，「体罰」の場合には，90人中，免職が１人，停職が11人で，ほとんどが減給（37人，41%）又は戒告（41人，46%）の処分となっている*5。「体罰」には甘い一方で，「性犯罪・性暴力等」及び「飲酒運転」

＊3　同調査の対象とされている各都道府県・指定都市教育委員会の「教育職員」とは，公立の小学校，中学校，義務教育学校，高等学校，中等教育学校，特別支援学校における校長，副校長，教頭，主幹教諭，指導教諭，教諭，養護教諭，栄養教諭，助教諭，講師，養護助教諭，実習助手及び寄宿舎指導員である。なお，「懲戒処分等の状況」については，幼稚園（幼稚園型認定こども園含む）の教育職員も対象とされている。

＊4　2021（令和３）年度の同調査における「性犯罪・性暴力等」とは，性犯罪・性暴力及びセクシュアルハラスメントをいう。「性犯罪・性暴力」とは，強制性交等，強制わいせつ（13歳以上の者への暴行・脅迫によるわいせつ行為及び13歳未満の者へのわいせつ行為），児童ポルノ法第５条から第８条までに当たる行為，公然わいせつ，わいせつ物頒布等，買春，痴漢，のぞき，陰部等の露出，青少年保護条例等違反，不適切な裸体・下着姿等の撮影（隠し撮り等を含む。），わいせつ目的をもって体に触ること等をいう。「セクシュアルハラスメント」とは，他の教職員，児童生徒等を不快にさせる性的な言動等をいう。なお，2021（令和３）年度の同調査における「性犯罪・性暴力等」「性犯罪・性暴力」は，それぞれ2019（令和元）年度調査における「わいせつ行為等」「わいせつ行為」と同様の範囲である。

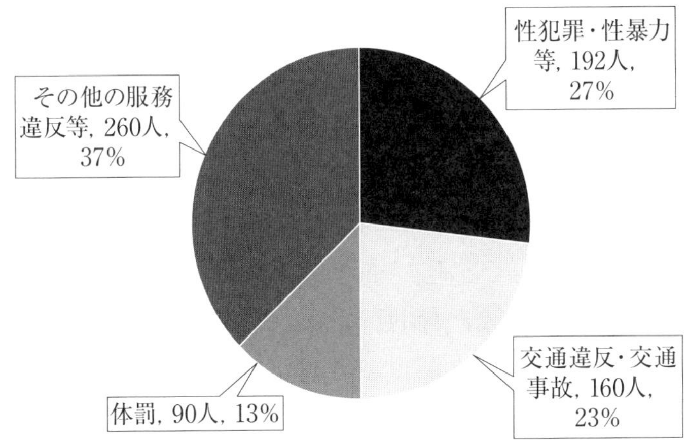

出典）文部科学省「令和３年度公立学校教職員の人事行政状況調査について」を基に作成

図14－1　令和３年度　懲戒処分の事由別割合

の場合には厳しい処分をもって臨むという教育委員会の姿勢が表れている。このような懲戒処分の扱いの差については，地域住民に対して体罰よりも飲酒運転の方がより強い「戒め」を必要としているというメッセージを伝えることになるとして問題視する向きもある[*6]。

他方，「性犯罪・性暴力等」による懲戒処分を巡っては，近年，「わいせつ行為等」を事由とする懲戒処分者数が増加する[*7]とともに，懲戒免職処分となった教員が再び教壇に立つケースが報告されるなどし，教員による児童・生徒へのわいせつ行為が社会問題化している。こうした状況を受けて，2021（令和３）年，「教育職員等による児童生徒性暴力等の防止等に関する法律」（わいせつ教員対策法）が制定された（2022

＊5　体罰により，児童・生徒には「骨折・捻挫など」や「外傷」「打撲」「鼻血」等の被害が生じているが，2021（令和３）年度の免職処分は１件である。

＊6　坂田仰「“許される体罰”論の“残滓”―大阪市立桜宮高等学校体罰自殺事件とメッセージ効果」『スクール・コンプライアンス研究』第７号（2019年）14頁。

＊7　「性犯罪・性暴力等」（2019（令和元）年度以前は「わいせつ行為等」）による懲戒処分者数は，過去30年間で12.8倍に増加している。

（令和４）年４月１日施行）。同法では，「教育職員等は，児童生徒性暴力等をしてはならない」（３条）ことが明記されるとともに，特定免許状失効者等（児童生徒性暴力等を行ったことにより教員免許状が失効又は取り上げとなった者）に対し，免許状を再授与しないことを可能とする規定が設けられている。

2．懲戒処分の種類と事由

（1） 懲戒処分の種類

懲戒処分には，重い順に，免職，停職，減給，戒告の４種類が存在している（地方公務員法29条１項）。「免職」とは，公務員関係を解除し，公務員としての身分を剥奪する処分をいう。公立学校の教員が懲戒免職処分を受けると，退職手当及び退職年金の一部または全部が支給されないという不利益な取扱いを受けるほか，懲戒免職の処分を受けた日から２年間は当該地方公共団体の職員となり，または選考を受けることができない（地方公務員法16条２号）。また，教育職員免許法によれば，当該教員の有する教員免許状は失効するものとされている（10条１項２号）*8。

「停職」とは，公務員としての身分を保有させながら，一定期間，その職務に従事させない処分をいう。また，「減給」とは，一定期間，職員の給料を減額して支給する処分，「戒告」とは，職員の義務違反を確認し，その将来を戒める処分をいう。

なお，以上の４種類以外の懲戒処分は，地方公務員法上，認められていない。だが実務上は，訓告，厳重注意，諭旨免職等の措置がとられることがある。これらの制裁的実質を伴わない訓告，厳重注意等は，実態

＊8 国立学校または私立学校の教員が，公立学校の教員の懲戒免職の事由に相当する事由により解雇されたと認められる場合には，当該教員の有する教員免許状は，免許管理者である都道府県の教育委員会によって取り上げられることになる（教育職員免許法11条１項）。

として服務監督権者（県費負担教職員の場合，市町村教育委員会）が行っている指導監督上の措置であり，懲戒処分とは異なるものである[*9]。

（2） 懲戒事由

公立学校の教員を含む地方公務員の懲戒処分は，地方公務員法に規定された事由以外で行うことが認められていない（27条3項）。地方公務員法は，懲戒事由として，次の3つを規定している。すなわち，①地方公務員法「若しくは第57条に規定する特例を定めた法律又はこれらに基づく条例，地方公共団体の規則若しくは地方公共団体の機関の定める規程に違反した場合」（「法令違反」29条1項1号），②「職務上の義務に違反し，又は職務を怠つた場合」（「職務上の義務違反」，「職務懈怠」29条1項2号），そして，③「全体の奉仕者たるにふさわしくない非行のあつた場合」（「非行」29条1項3号）である。これらの事由は，択一的なものではなく，一つの非違行為が複数の懲戒事由に該当する場合もある。

①は，いわゆる「法令違反」を事由とするものである。具体的には，まず，地方公務員法第3章第6節に定められている服務規定に違反した場合がこれに該当する[*10]。例えば，運転手である職員が職務としての運転中に道路交通法規に違反したときは，職務遂行にあたって法令に違反したことになり（32条違反）[*11]，したがって①「法令違反」（29条1項1号）に該当する。教員が学校教育法で禁止されている体罰をした場合も

＊9　地方公務員法上の懲戒とは別に訓告処分を行うことは「訓告が，懲戒処分としての制裁的実質をそなえないものである限り，差し支えない」とされている（行政実例昭和34年2月19日自丁公発第27号）。

＊10　地方公務員法に定める服務義務は，講学上，職務を遂行する上で遵守すべき「職務上の義務」と，勤務時間の内外を問わず遵守すべき「身分上の義務」に大別される。一般に，服務の宣誓（31条），法令等及び上司の職務上の命令に従う義務（32条），職務に専念する義務（35条）は「職務上の義務」に該当し，信用失墜行為の禁止（33条），秘密を守る義務（34条），政治的行為の制限（36条），争議行為等の禁止（37条），営利企業への従事等の制限（38条）は，「身分上の義務」に該当すると整理されている。

＊11　橋本勇『新版　逐条地方公務員法〔第5次改訂版〕』学陽書房（2020年）676頁。

同様に解すべきであろう。このほか，例えば教育公務員特例法[*12]に定められている服務規定に違反した場合も，地方公務員法「第57条に規定する特例を定めた法律」に違反したものとされ，懲戒処分を受ける可能性がある。具体例としては，政治的行為について，公立学校の教員が他の地方公共団体で勧誘行為等を行った場合が想起される。これは，地方公務員法により当該職員の属する地方公共団体の区域外における勧誘行為は許容されている一方で（36条２項），教育公務員特例法では，「公立学校の教育公務員の政治的行為の制限については，当分の間，地方公務員法第36条の規定にかかわらず，国家公務員の例による」とされ（18条１項），全国一律に禁止されていることによる。

②は，「職務上の義務違反」，「職務懈怠」を事由とする懲戒処分である。職員の職務上の義務は，法令又は職務上の命令によって課されるものであるため，職務上の義務違反は常に地方公務員法32条（法令等及び上司の職務上の命令に従う義務）違反となる[*13]。

③は，いわゆる「非行」を事由とするものである。公立学校の教員が全体の奉仕者たるにふさわしくない非行を行ったときは，地方公務員法33条に規定する「信用失墜行為の禁止」にも触れることになる。したがって，③の事由に該当するときは，同時に①の「法令違反」の事由にも該当すると考えられている[*14]。全体の奉仕者たるにふさわしくない非行が具体的にどのような行為を指すのかについては，個々の事例に基づき，社会通念によって判断されることになる。この点については，「情勢の推移により，国民の公務員に対する期待像の変化に適応して，妥当な解釈がなされるべき」とする考え方が存在していることに留意する必

＊12　教育公務員特例法は，その名称が示すように，地方公務員法の特別法としての性格を有している。両者が競合する事項においては，「特別法優先の原則」に従って，教育公務員特例法が優先適用される。

＊13　橋本勇　前掲注11，640頁。

＊14　橋本勇　前掲注11，640頁。

要があろう[*15]。

（3） 懲戒権者の裁量

公立学校の教員をはじめとする公務員の行為が，以上の①〜③のいずれかの懲戒事由に該当する場合，懲戒処分を行うかどうか，懲戒処分を行う場合にどの処分を選択するかの決定は，「その処分が全く事実上の根拠に基かないと認められる場合であるか，もしくは社会観念上著しく妥当性を欠き」，懲戒権者（懲戒を行う権限を有する者）[*16]に任された「裁量権の範囲を超えるものと認められる場合を除き，懲戒権者の裁量に任されている」と解されている（最高裁判所第二小法廷判決昭和32年5月10日）。

最高裁判所は，神戸税関事件（最高裁判所第三小法廷判決昭和52年12月20日）においてこの立場をより精緻化し，「懲戒権者は，懲戒事由に該当すると認められる行為の原因，動機，性質，態様，結果，影響等のほか，当該公務員の右行為の前後における態度，懲戒処分等の処分歴，選択する処分が他の公務員及び社会に与える影響等，諸般の事情を考慮して，懲戒処分をすべきかどうか，また，懲戒処分をする場合にいかなる処分を選択すべきか，を決定することができる」とした上で，「懲戒権者が右の裁量権の行使としてした懲戒処分は，それが社会観念上著しく妥当を欠いて裁量権を付与した目的を逸脱し，これを濫用したと認め

＊15　中村博『公務員懲戒法』日本評論社（1970年）111頁。

＊16　ここでいう懲戒権者とは，一般には職員の任命権を有する者を指す（地方公務員法6条1項）。公立学校の教員の場合には，任命権を有する都道府県教育委員会または政令指定都市教育委員会（市町村費負担教員の場合には，市町村教育委員会）が懲戒権者となる。なお，県費負担教職員の場合には，任命権は都道府県教育委員会にあり，服務監督権は市町村教育員会にある。したがって，県費負担教職員の懲戒処分は，任命権を有する都道府県教育委員会が行うことになる。ただし，県費負担教職員の場合，都道府県教育委員会は，市町村教育委員会の内申をまって懲戒処分を行う必要がある（地方教育行政の組織及び運営に関する法律38条1項）。

られる場合」には，違法性を帯びる旨を判示している。これらの判決は，いずれも公立学校の教員に対する懲戒処分についての判断ではないが，その後，最高裁判所は，これらの判決と同様の考え方を公立学校の教員に対する懲戒処分にも当てはめている（例えば，福岡伝習館訴訟（最高裁判所第一小法廷判決平成２年１月18日））。

3．懲戒処分の処分基準

地方公務員法は，職員の懲戒について，「公正でなければならない」と定めている（27条１項）。懲戒処分が職員にとって不利益な処分である以上，その取扱いに当たっては，十分に公正を期さなければならない。懲戒処分の公正さを担保するに当たっては，まず何よりも処分が恣意的に行われることを阻止する必要がある。

そのための有効な手立ての一つとして，懲戒処分を行う際の処分基準を明確にしておくことが挙げられる。すなわち，懲戒処分の対象となる事由を類型化し，どのような行為を行った場合にどのような処分が行われるのかについての標準例を可視化することで，処分の予見可能性を高める方法である。懲戒処分の処分基準をあらかじめ策定し公表することは，懲戒処分が恣意的に行われることを防止するとともに，任命権者，被処分者の双方の側から処分の妥当性をチェックすることを可能とし，保護者や地域住民に対する説明責任を果たしやすくする。また，処分基準の存在は，非違行為に対する警告となり，不祥事を抑止する一般予防学的効果を伴うものと考えられている。

ところが，公立学校の教員の懲戒処分を律する全国的な処分基準は，地方公務員法，教育公務員特例法その他に存在しているわけではない[*17]。

＊17　そもそも一般の地方公務員についても，懲戒処分を律する全国的な処分基準は，地方公務員法その他法律に存在していない。

懲戒処分の具体的なあり方は，教員の懲戒権者である教育委員会に委ねられている。この点について文部科学省は，都道府県・政令指定都市教育委員会における処分基準の作成状況を調査し，これを公表している。図14－2は，2004（平成16）年以降の処分基準の作成状況を示したものである。

2004（平成16）年4月1日時点においては，懲戒処分全般に関する基準を作成している教育委員会が10，懲戒処分の一部に関する基準を作成

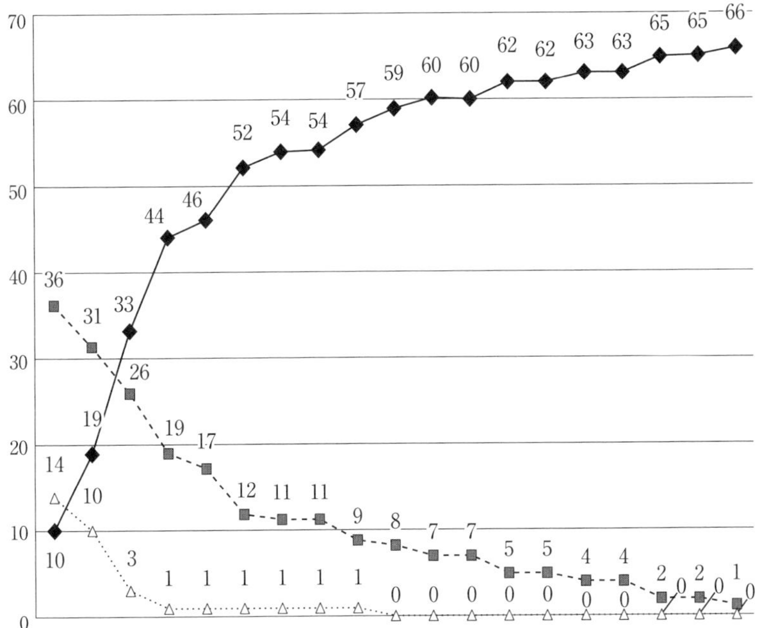

出典）文部科学省「公立学校教職員の人事行政状況調査について」（平成16年度～平成22年度は「教育職員に係る懲戒処分等の状況について」）を基に作成

図14－2　懲戒処分基準の作成状況

している教育委員会が36，基準を作成していない教育委員会が14であり，懲戒処分全般に関する基準を作成しているところが最も少ない状況であった。しかしその後，2007（平成19）年までの間に，懲戒処分基準は急速に整備されていくことになる。

そして，2022（令和４）年６月１日現在では，懲戒処分全般に関する基準を作成している教育委員会が66，懲戒処分の一部に関する基準を作成している教育委員会が１，基準を作成していない教育委員会が０となり，すべての都道府県・政令指定都市教育委員会において，何らかの懲戒処分基準が作成されるに至っている。

懲戒処分基準を作成するに当たって，都道府県・政令指定都市教育委員会の中には，人事院が設けている懲戒処分の指針（人事院「懲戒処分の指針について」平成12年３月31日付職職―68・最終改正令和２年４月１日職審―131）や，他の都道府県・政令指定都市教育委員会が定めている基準等を参考としているところが多く存在している。人事院による「懲戒処分の指針」は，国家公務員に対する懲戒処分の指針であり，具体的な処分量定の決定に当たっては，①非違行為の動機，態様及び結果はどのようなものであったか，②故意又は過失の度合いはどの程度であったか，③非違行為を行った職員の職責はどのようなものであったか，その職責は非違行為との関係でどのように評価すべきか，④他の職員及び社会に与える影響はどのようなものであるか，⑤過去に非違行為を行っているか，といった点のほか，適宜，日頃の勤務態度や非違行為後の対応等も含め総合的に考慮した上で判断することを要請している。教育委員会の場合，上記の観点のほか，児童・生徒や保護者に与える影響を重視し，「児童生徒，保護者，県民及び他の教職員に与えた影響の程度」（神奈川県教育委員会）*18や，「保護者，児童生徒，他の職員及び社会に与える影響はどのようなものであるか」（広島県教育委員会）*19とい

＊18　神奈川県教育委員会「懲戒処分の指針」（平成14年10月31日・最終改正令和２年６月１日）。

う点を懲戒処分指針の基本事項に明記しているところが少なくない。

4. 懲戒処分指針の格差

教育委員会の中には，特定の処分事由について，首長部局が定める懲戒処分の処分基準よりも厳しい処分基準を定めるところが存在している。例えば，飲酒運転に関して一般の地方公務員と比較して厳格な懲戒処分の指針を設けていたことが，平等取扱いの原則に違反する等として争われた事案がある（福岡高等裁判所判決平成18年11月９日）。

この事案において，熊本県教育委員会は，「教職員は児童生徒を指導する立場にあるため，一般公務員よりも高度の倫理観・使命感が求められる」という基本認識の下，当時，多くの地方公共団体において懲戒処分基準作成時の基準とされていた人事院による「懲戒処分の指針」（平成14年５月28日付）よりも厳格な懲戒処分基準を定めていた。そこでは，教職員の飲酒運転に対し，「酒気帯び運転については，停職とする」「人身事故を伴うときは，免職又は停職とする。事故後の救護を怠る等の必要な措置を講じなかったときは免職とする」として，知事部局が作成している一般の地方公務員に対する懲戒処分指針よりも，重い処分基準が定められていた。

この懲戒処分指針の合理性をめぐり，福岡高等裁判所は，「教職員だけを一般の地方公務員から区別し，より重い処分基準で臨むというのは，公平取扱いの観点からすると問題がないわけではないが，少なくとも教員については，児童生徒と直接触れ合い，これを教育・指導する立場にあるから，とりわけ高いモラルと法及び社会規範遵守の姿勢が強く求められるものというべきである。そうであれば，こと教員に関する限りは，上記のような本件指針の基本的な態度にもそれなりの理由があるものと

＊19　広島県教育委員会「懲戒処分の指針」（平成17年４月１日施行・最終改正令和４年９月１日）。

いうことができるから，本件指針が合理性を著しく欠いており，無効であるとまではいえない」との判断を示し，一般の地方公務員と教職員の懲戒処分指針に差を設けることについての合理性を認めている*20。

その際，大きな要因となったのは，教員は「児童生徒と直接触れ合い，これを教育・指導する立場にあるから，とりわけ高いモラルと法及び社会規範遵守の姿勢が強く求められる」とする論理であった。その背後には，「教育・指導する立場」にある者は，当然，率先垂範するべきであるというある種のロールモデル論が存在している。義務教育段階の公立学校においては，「学校生活のあらゆる部面において教員が成熟した社会人として自ら実践，垂範してする実物教育こそが，高等教育や専門教育等に比して格別に強く期待されているものとみなければならない」とする考え方である（最高裁判所第三小法廷判決昭和54年７月31日における環昌一裁判官の補足意見）。ともあれ，公立学校の教員の場合には，一般の地方公務員，一般市民と比較して，より強いコンプライアンス（法令遵守）の姿勢が求められることになる。公立学校の教員に対する昨今の厳しい社会的視線を考慮するとき，この傾向は今後より顕著になっていくものと予測できる。

参考文献

学校管理運営法令研究会『第六次全訂　新学校管理読本』（第一法規，2018）
塩野宏『行政法Ⅲ　行政組織法［第５版］』（有斐閣，2021）
橋本勇『新版　逐条地方公務員法〔第５次改訂版〕』（学陽書房，2020）
坂田仰「“許される体罰”論の“残滓”―大阪市立桜宮高等学校体罰自殺事件とメッセージ効果」『スクール・コンプライアンス研究』第７号（2019年）６-16頁

＊20　上告審では不受理が決定され，福岡高等裁判所の判断が確定している（最高裁判所第一小法廷決定平成19年７月12日）。

演習問題

以下の文章について，妥当なものには○，妥当でないものには×を付し，×を付けたものについては簡単にその理由を記載せよ（条文や裁判例を挙げるのでもよい)。

1．公立学校の教員の懲戒処分は，地方公務員法に規定された事由以外で行うことが認められていない。

理由：＿＿＿＿＿＿＿＿＿＿＿＿＿＿＿＿＿＿＿＿

＿＿＿＿＿＿＿＿＿＿＿＿＿＿＿＿＿＿＿＿

2．地方公務員法に定める懲戒処分の種類は，重い順に，免職，停職，減給，訓告の4種類である。

理由：＿＿＿＿＿＿＿＿＿＿＿＿＿＿＿＿＿＿＿＿

＿＿＿＿＿＿＿＿＿＿＿＿＿＿＿＿＿＿＿＿

3．県費負担教職員の懲戒処分は，服務監督権者である市町村教育委員会が行う。

理由：＿＿＿＿＿＿＿＿＿＿＿＿＿＿＿＿＿＿＿＿

＿＿＿＿＿＿＿＿＿＿＿＿＿＿＿＿＿＿＿＿

4．公立学校の教員の行為が，地方公務員法上の懲戒事由に該当する場合，懲戒処分を行うかどうか，行う場合にどの処分を選択するかの決定は，その処分が全く事実上の根拠に基づかないと認められる場合か，もしくは社会通念上著しく妥当を欠き，懲戒権者の裁量権の範囲を超えるものと認められる場合を除き，懲戒権者の裁量に任されている。

理由：＿＿＿＿＿＿＿＿＿＿＿＿＿＿＿＿＿＿＿＿

＿＿＿＿＿＿＿＿＿＿＿＿＿＿＿＿＿＿＿＿

5．公立学校の教員といえども地方公務員であるから，他の地方公務員と懲戒処分基準に差を設けることは，一律に公平原則に反する取扱いとなり，当該基準は当然に無効である。

理由：＿＿＿＿＿＿＿＿＿＿＿＿＿＿＿＿＿＿＿＿＿＿＿＿＿＿＿＿＿＿

＿＿＿＿＿＿＿＿＿＿＿＿＿＿＿＿＿＿＿＿＿＿＿＿＿＿＿＿＿＿

15 スクール・コンプライアンス

坂田　仰

《目標＆ポイント》 価値観の多様化，個人の権利意識の高まりを受けて，近年，学校経営や教育実践においてコンプライアンス（法令遵守）の確立が強調されるようになっている。しかし，学校教育が全人格的な営みである以上，単なるコンプライアンスで事足りるのかという批判は今も少なくない。また，理科の実験や体育の授業に象徴されるように，学校教育には一定のリスクが織り込まれている。その意味において，コンプライアンス至上主義は，原理的に学校教育と衝突可能性を有していると考えることも可能である。

そこで，本章では，学校運営の視点として注目を集めているコンプライアンスという考え方について，多角的視点から検討を行い，本書のまとめに代えることにしたい。

《キーワード》 スクール・コンプライアンス，学校の社会的責任，権利調整型学校経営

子どもの権利という用語が日本で一世を風靡（ふうび）したのは，国際連合で児童の権利に関する条約（以下，「児童の権利条約」）が成立し，日本が条約を批准した，昭和の終わりから平成の初めにかけての時期，1990年前後のことであった[*1]。書店には子どもの権利に関わる教育書がうずたかく積まれ，「子どもの権利を学校へ」というスローガンの下，厳し過ぎる校則や，いわゆる「管理主義教育」[*2]に対し厳しい批判が寄せられることになった。子どもの権利論の台頭である。

＊1　児童の権利に関する条約（Convention on the Rights of the Child），いわゆる「児童の権利条約」は，1989年11月20日，国際連合総会において採択された。翌1990年１月に発効し，日本は，1994（平成６）年４月，158番目の国家として批准している。

＊2　厳格な校則を制定した上で，その遵守を徹底し，児童・生徒の統制，教室の秩序維持を図ろうとする教育手法をいう。

それまで，日本の学校現場では，「教育に法はなじまない」という考え方が有力であった。教職員に対して“教育”と“法”のイメージを問うと，“教育”に関しては，「人間的」「信頼」「やさしさ」「感情」といった情緒的な言葉が上位を占める。これに対して，「法」については，「冷酷」「機械的」「理屈っぽい」と，極めて対照的な言葉が登場してくる。そして自由記述欄には，「学校教育は，愛と情熱，そして信頼に尽きる」「学校現場に法が入ってくると，教育実践は死んでしまう」といった法規不要論が並ぶ。少なくない教職員が，“教育”と“法”を独立したものとして捉え，法について学校経営や教育実践を阻害する要因として見ていたことがわかる。一定の体罰を擁護する「愛のムチ」論を持ち出すまでもなく，まさにコンプライアンス（法令遵守）不要論といっても過言ではない。

だが，児童の権利条約が批准されてから30年以上が経過した現在，学校を取り巻く環境は当時とは一変している。2022（令和４）年に制定されたこども基本法は，子どもの権利を中核に据え，同年12月に公表された生徒指導提要改訂版は，多くの法令に言及するとともに手続保障の観点を重視している。まさにコンプライアンスの時代が到来したと言っても過言ではない。

1. コンプライアンスの確立

子どもの権利論の台頭，言い換えるならば児童の権利条約とこれを基軸に据えるこども基本法の学校現場への浸透は，従来型の学校経営，生徒指導に大きな影響を与えている。厳し過ぎる校則に代わって，校則制定過程への児童・生徒の参加が強調されることになり，子どもの自己決定という言葉が社会的認知を得るに至った。

また，教職員の不祥事に対する批判も強まっている。体罰，飲酒運転，わいせつ行為等，教職員の不祥事が連日のようにマスメディアを賑わせるようになっていることに留意する必要がある。この２つの流れが相乗した結果，強調されるようになったのが，学校，教職員に対するコンプライアンスの徹底である。

そもそもコンプライアンスという考え方は，企業経営の文脈で登場した概念であった。多発する企業の不祥事を受けて，法令や，社会規範等を遵守することがより重視されるようになった結果である。大企業はこぞって行動指針や倫理綱領を策定し，コンプライアンス室を設置する流れができあがった。それが，学校経営の分野へと波及していったのである。

学校経営や教育実践において，コンプライアンスを貫徹するためには，学校現場の状況を変えていかなければならない。まず求められるのは，教員個人の価値観や「思い込み」，あるいは学校の論理で，これに対応しようとする姿勢を改めることである。学校，教員に対する考え方は多種多様であり，そこに込められる「思い」や「要求」もそれぞれである。

にもかかわらず，教員個人の価値観や「思い込み」，あるいは学校の論理で，これに対応しようとする例が現在も数多く見られる。例えば，学習指導要領からの逸脱や必修科目の未履修の問題，教員免許状を欠いた教科・科目の担当[*3]，教科書の不使用等はその表れと言える。

そして中には，生徒の進退についてまで教員自らの価値観で左右しようとする例まで存在している。問題行動を取った生徒に対し，個人的な判断で自主退学を勧めた結果，苦情を申し立てられ減給処分を受けたこと等を理由に，私立学校の教員が定年後の再雇用を拒否された事例である（横浜地方裁判所判決平成22年10月28日）。教員は，態度次第では退学処分になる可能性を有し，神経質になっていると予測される生徒に対

---

*3　教員は原則として勤務する学校種ごとの免許状，中学校，高等学校等では，さらに，担当する教科に対応した免許状を所持しなければならない。「相当免許状主義」と呼ばれる考え方である。

し，個人的判断で自主退学することを願っているかのごとき発言を行ったとされる。

当然のことながら，生徒の法的身分の得喪（とくそう）に関わる事項は，校長ないしは学校設置者の専管事項である。たとえ自主退学の勧告であったとしても，一教員が個人的判断で行うべきことがらではない[*4]。にもかかわらず，この種の発言を個人的判断で行うことが許されるという発想は，まさに個人の価値観で教育実践が可能であるとの思い込みの発露と言える。コンプライアンスの確立という視点からは，学校現場からこの種の認識を駆逐し，学校運営や教育実践には，法規という越えられない壁が存在するという共通認識を確立することが求められることになろう[*5]。

第二に，学校経営，教育実践に法的視点を持ち込むことである。多様な学校観は，多様な主張を学校にもたらす。その結果，学校は，愛や情熱，信頼といった言葉で表現される情緒的な空間ではなくなっていく。むしろ，相反する権利主張が衝突する空間として把握すべき存在と言える。そこで必要とされるのは，それぞれの主張を吟味し，評価した上で，調整する能力である。「信頼関係」に基づく学校経営，教育実践こそが最善であるという価値観が，仮に多くの教員の間で共有されていたとしても，児童・生徒，保護者，地域住民との関係においては，この権利調整型の学校経営，教育実践という視点が，今後，不可欠になるものと予測される。

そして，この権利調整型への転換は，必然的に教育法規に対する考え

＊4　なお，政府の規制改革会議「規制改革推進のための第３次答申」（平成20年）は，自主退学等，「不透明な懲戒ないしその類似行為が広く行われている」とする。そして，「懲戒等は社会通念上妥当性を欠くような態様で行われるべきではなく，また法的効果を伴う懲戒についても，生徒の個々の状況に十分留意して，あくまでも法令に基づき可能な範囲内で行われるべき」であるとし，学校現場の運用を批判している。

＊5　なお，価値観の多様化は，生徒指導等の分野において絶対的な解（実体的正義）の存在を切り崩していく。この観点からは，実体的正義から手続的正義を基調とする生徒指導への転換が進められるべきことになろう。

方を改めることを意味する。教育法規には，従来のように単なる「建前」として，シンボリックに機能するだけではなく，権利の衝突を調整する指標として実質的な役割が与えられることになる。その理由は，教育法規が現時点における「多数者の意思」を体現する機能を有していることにある。

法律から教育委員会が制定する各種の規則に至るまで，国法，地方公共団体の自主法等の区別を問うことなく，教育法規は，全て民主的な手続きを経て定立される。選挙や請願，あるいは各種の世論調査等を通じて明らかになる国民，住民の意思は，その都度考慮され，教育法規の立法過程に反映されていく。

最も多くの賛同を得られる方針を採用すること，すなわち多数派の価値観に従うことが，結局のところ保護者等の批判を最小限に抑えることになる。そしてそれは，教育法規に従うことに他ならない。その時々の国民，地域住民の多数派の意思，価値観を体現する教育法規を，単なる「建前」としてではなく，衝突する権利・要求の調整の指標として考える新たな手法を確立していくことが，コンプライアンスの確立に資すると言えよう。

2. ステークホルダー

では，コンプライアンスの貫徹を前提として，実際の学校運営はどのような考え方に依拠すればよいのだろうか。

周知のように，多くの教員は，教育実践において，何よりも“関係性”を重視しようとする。この傾向は，教員と児童・生徒の間のみならず，保護者，地域住民，他の教職員との間においても変わらない。濃淡こそあれ，大部分の教員は，ある種の擬似的家族として関係性を措定し，学校を極めて親密な空間としてデザインしようとする。そして,「愛」「情熱」「信頼」といった情緒的な要素を重視し,何事においても「話し合い」による関係性の構築・修復を土台として,日々の教育活動を展開していく[*6]。

教員出身者が多数を占める管理職は,基本的に学校経営においても一般教員と同様の手法,すなわち関係性を重視する手法を用いようとする。管理職になる前に徹底的にたたき込まれた手法,経験主義により培った手法の転用といってよい。学校,家庭,地域社会の連携というフレーズは,この関係性が今も学校経営の中核に位置していることを何よりも雄弁に物語っている。

この点,教育基本法は,2006(平成18)年の改正に当たって,学校,家庭,地域社会の連携を受け入れた。「学校,家庭及び地域住民その他の関係者は,教育におけるそれぞれの役割と責任を自覚するとともに,相互の連携及び協力に努めるものとする」と規定する,13条である。その意味において,関係性を重視する学校経営,教育実践は,今や公理の一つとさえ言えるだろう。

だが,第1章で触れたように,日本社会の価値観が多様化する中,「子どものために」学校,家庭,地域社会が連携すべきという学校教育の基本理念は,「スローガン」としてはともかく,実際の学校運営に際しては威力を失いつつある。異なる価値観を有し,自らの権利を主張する児童・生徒,保護者,地域住民,そして教職員というアクターの存在を前提にするとき,学校,家庭,地域社会の連携という“思想”は堅持しつつも,それぞれのアクターをステークホルダー(利害関係者)として位置付ける発想が必要になっている。

ステークホルダーは,近年,コーポレート・ガバナンスや企業の社会

---

*6　教育職員養成審議会が1987(昭和62)年に公にした「教員の資質能力の向上方策等について」以降,教員に求められる資質として,「人間の成長・発達についての深い理解,幼児・児童・生徒に対する教育的愛情」といった情緒的フレーズが繰り返し登場している。

的責任（CSR）等の文脈において盛んに強調されている考え方である。そこにおいては，株主，顧客，従業員，競合企業，市場関係者，地域住民等，企業の存続，発展に対し，直接的，間接的に多様な形で影響を及ぼす人々をステークホルダーとして措定し，その利害関係をどのように調整するかが課題とされる。

学校教育に引き寄せるならば，児童・生徒，教職員，保護者，地域住民は，学校，あるいはそこで行われている多様な活動に関して，様々な利害関係を有している。そして，学校という場においてその利害関係が衝突する。それを調整することが，ガバナンスの一環として求められることになる。言い換えるならば，学校，家庭，地域社会の予定調和を前提とするこれまでの信頼関係基底的な学校運営，教育実践から脱却し，それぞれの権利・義務関係を基底とする権利調整型の学校運営，教育実践を意識する必要がある。

3. 残された課題――3つのMとGRC

本書では，学校教育に関わる諸問題について，法と教育の学際的視点から論じてきた。最後に，残された課題として，権利調整型の学校運営，教育実践を推進する上で不可欠な3つのMとGRCに触れて，まとめに代えることにしたい。

まず学校教育に対する法の越境が続く中，学校，教員への“負荷”が限界を迎えているという課題である。いじめ防止対策推進法の制定，障害者差別解消法に基づく合理的配慮の義務付け，個人情報保護法に根拠を置く要配慮個人情報というカテゴリーの新設，主体的・対話的で深い学びを基調とする新しい学習指導要領への対応など，学校，教員が向き合い，対応しなければならない新たな課題が急激に増えている。その一方で，学校のブラック化が問題視され，働き方改革の実現が指向される状況にある。だが，それを実現するためのツールやシステムは十分に用意されているのだろうか。

新たな課題に向き合い，対応するためには，それだけの労力や時間を当然必要とする。働き方改革を推進し，ワークライフバランスを整えるためにも，代替のための労力や時間の確保が不可欠である。にもかかわらず，現状は，その準備をしないまま，両者を並行して進めていこうとしているかに見える。

企業経営の分野においては，ある事業を遂行したり，新たな分野に挑戦したりするためには，ヒト（Man），モノ（Material），カネ（Money）の３つのMが必要だとされている。この３つのMが学校現場に十分に投入されていると言えるのだろうか。繰り返し浮上する教員定数の削減の議論[*7]，特別支援教育に関わる就学指定の変更に伴う負担[*8]等，３つのMを無視しようとするかのような動きが見られるのが現実である。

全てとは言えないにしても，新たな課題への対応の一定部分は，学校現場，教員の負担増に支えられて実現している。言い換えるならば，教員の「やる気」「ボランティア」を頼みとしているのである。

だが，３つのMを欠いた拡張は，現場の負荷を増加させ，いずれは破綻するというのが一般的理解である。いじめ防止対策推進法一つをとってみても，極めて広い定義の下，その全てについて事実関係を調査し報告をあげる。限られた教員数の中，他の業務をこなしながら対応する負

＊7　例えば，朝日新聞は，2016（平成28）年度の「公立小中学校の教職員定数について，15年度よりも3,470人超減らす方針を固めた。少子化に伴って自然に減る3,100人に加え，370人超を削減する。自然減を上回る削減幅としては過去最大となる」と報じている（2015（平成27）年12月19日朝刊）。

＊8　筆者が2011（平成23）年に４県下の小中学校の校長を対象として行った調査によれば，特別な配慮が必要な児童・生徒が増加しているにもかかわらず，十分な人員，施設を確保できていないとする回答が多数存在していた。科学研究費補助金基盤研究（C）研究成果報告書「障害を有する児童・生徒の学校事故に関する研究」研究代表坂田仰を参照。

荷は既に限界に達しているのではないか[*9]。この現実を無視することは，教員の労働安全という側面から見て，大きなコンプライアンス違反を構成すると言えるだろう。

そして，もう一つの課題がGRCを意識した学校経営，教育実践である。GRCとは，ガバナンス（Governance），リスク・マネジメント（Risk Management），コンプライアンス（Compliance）の頭文字をとったものであり，意思決定のための統合的な手法である。

これまで見てきたように，学校を取り巻く環境は急速に変化しており，教育紛争の要因は多様化，複雑化し，かつ増大している。その中にあって，学校経営，教育実践を展開するためには，様々な場面で意思決定を繰り返していかざるを得ない。その際，ガバナンス，リスク・マネジメント，コンプライアンスの統合的運用，GRCを意識することが不可欠になると考えられる。

ステークホルダーを前提としたガバナンスとコンプライアンスについては既に触れた。以下では，リスク・マネジメントについて触れておくことにする。

東日本大震災以降，日本の学校現場においても危機管理という用語が一般化しつつある。ここでいう危機管理は，リスク・マネジメント（risk-management）とクライシス・マネジメント（crisis-management）の２つを包含する概念である（広義の危機管理）[*10]。まずリスク・マネジメントは，事故の発生を「予防」するという視点から行われる危機管

＊9　この点に関し詳しくは，坂田仰「いじめ防止対策推進法の施行から６年―学校現場への「負荷」」『日本女子大学教職教育開発センター年報』第５号（2018年）参照。

＊10　しかし，2015（平成27）年，筆者が神奈川県，埼玉県，千葉県で勤務する公立小学校の管理職48名（校長31名，教頭17名）を対象として行った調査によれば，リスク・マネジメントとクライシス・マネジメントの区別を明確に意識し，危機管理について考えていたのは11名に過ぎず，残る37名は両者の区別を認識していないという結果が出ている。坂田仰「大規模災害と学校の危機管理―クライシス・マネジメントを中心に」『スクール・コンプライアンス研究』第５号（2017年）65頁を参照。

理を意味する。事故が発生する前に，事故のリスク要因を調査・抽出し，分析・評価することを通じて対策を講じることと考えてよい。それゆえ，どのようにして事故発生のリスクを低減させ，防止するかという観点が強調されることになる。したがって，リスク・マネジメントにおいては，管理すべき対象である「危機」は，まだ「可能性」の段階に止まっていることになる。

これに対し，クライシス・マネジメントは，事故が発生した後の対処に重点が置かれる。どれだけリスク・マネジメントに努めたとしても，学校で事故が発生する可能性を完全にゼロにすることは不可能である。事故はいつか必ず発生するという前提に立ち，万が一事故が発生した際の対策を準備し，実際に事故が発生した場合には最小限の被害に押さえ込むこと（ダメージコントロール）が不可欠になる。これがクライシス・マネジメント（狭義の危機管理）の考え方である。

リスク・マネジメントとクライシス・マネジメントは，広義の危機管理として包含されながらも，ベクトルの向きを異にする。学校現場における課題は，危機管理マニュアル等の作成において，両者の区別が明確に意識されていない点にある。学校現場には，広義の危機管理がリスク・マネジメントとクライシス・マネジメントの双方を含むことを意識することがまず求められる。そして，学校は，児童・生徒の安全確保に向けて，先行するリスク・マネジメントを徹底し，危険な要素の排除に努めなければならない。

だが，未成熟な子どもが数多く集う学校という空間は，それ自体が一定のリスクを包含する存在であり，必ず事故は発生する。先行するリスク・マネジメントと後に続くクライシス・マネジメントの組み合わせ，バランスをどのように考えていくかが広義の危機管理の行方を左右すると言える。危機管理を常に意識する学校文化を醸成し，多角的視点から分析を行い，方針を決定しマニュアルを整備する。最悪の事態を想定した管理体制を構築することが早急に求められていると言えるだろう。

この学校現場の“備え”が根本的に問われたのが東日本大震災であった。文部科学省関係（幼児・児童・生徒・学生・教職員など）では，738名（死者659名，行方不明者79名）が犠牲となり（平成25年度『文部科学白書』），その危機管理体制に多くの批判が寄せられたことは周知の事実である。

東日本大震災に関連する訴訟としては，私立日和幼稚園スクールバス津波被害訴訟（仙台地方裁判所判決平成25年９月17日）[*11]，東松島市立野蒜（のびる）小学校津波被害訴訟（仙台高等裁判所判決平成29年４月27日）[*12]，そして石巻市立大川小学校津波被害訴訟（仙台高等裁判所判決平成30年４月26日）等が存在している。訴訟を通じて見えてきたのは，危機管理マニュアルの作成とその周知・徹底の重要性と，災害に関する情報の収集と分析の重要性である。まず，災害発生時，教職員は，事前に整備された危機管理マニュアルを遵守するという姿勢を基本とする必要がある。仮に何らかの理由に基づきその手順を変更しようとする場合，そこに生じるリスクを見極める作業が求められる。また，大規模災害の発生時，教職員は，正確な情報収集に努める義務を負う。収集した情報を正確に分析し，その後の対応を決めていく必要があり，その手段として行政による災害情報の重要性を指摘できる。

この点，学校保健安全法は，国に対し，「各学校における安全に係る取組を総合的かつ効果的に推進するため，学校安全の推進に関する計画の策定その他所要の措置を講ずる」ことを求めている（３条２項)。この規定に基づき，2022（令和４）年，令和４年度から令和８年度までの５年間を見据えた，第３次学校安全の推進に関する計画（第３次学校安

＊11　控訴後，和解が成立している。

＊12　最高裁判所へ上告がなされたが棄却されている（最高裁判所第二小法廷決定平成30年５月30日)。

全計画）が策定されている[*13]。同計画は，学校が作成する計画・マニュアルに基づく取組の実効性に課題が存在する，学校安全の取組内容や意識に格差が存在する，東日本大震災の記憶を風化させることなく今後発生が懸念される大規模災害に備えた実践的な防災教育を全国的に進めていく必要性が存在する，という課題認識の下に作成が進められた。

同計画は，学校安全計画・危機管理マニュアルを見直すサイクルを構築し，学校安全の実効性を高める，地域の多様な主体と密接に連携・協働し，子どもの視点を加えた安全対策を推進する，全ての学校における実践的・実効的な安全教育を推進する，地域の災害リスクを踏まえた実践的な防災教育・訓練を実施する，事故情報や学校の取組状況などデータを活用し学校安全を「見える化」する，学校安全に関する意識の向上を図る（学校における安全文化の醸成）という，施策に関する６つの基本的な方向性を打ち出した。その上で，目指す姿として，全ての児童・生徒等が，自ら適切に判断し，主体的に行動できるよう，安全に関する資質・能力を身につけること，学校管理下における児童・生徒等の死亡事故の発生件数について限りなくゼロにすること，学校管理下における児童・生徒等の負傷・疾病の発生率について，障害や重度の負傷を伴う事故を中心に減少させること，を掲げている。

今後，同計画が示す，学校を取り巻く地域の自然的環境をはじめとする様々なリスクを想定した危機管理マニュアルの作成・見直し等の「学校安全に関する組織的取組の推進」，通学時の安全確保に関する地域の推進体制の構築，通学路交通安全プログラムに基づく関係機関が連携した取組の強化・活性化など「家庭，地域，関係機関等との連携・協働による学校安全の推進」，児童・生徒等が危険を予測し，回避する能力を育成する安全教育の充実，指導時間の確保，学校における教育手法の改善等「学校における安全に関する教育の充実」，学校施設の老朽化対策，

＊13　中央教育審議会答申「第３次学校安全の推進に関する計画の策定について」（令和４年２月７日）を踏まえ，2022（令和４）年３月25日に閣議決定されたものである。

非構造部材の耐震対策，防災機能の整備の推進などの「学校における安全管理の取組の充実」，災害共済給付に関するデータ等を活用した啓発資料の周知・効果的な活用等「学校安全の推進方策に関する横断的な事項等」という，５つの推進方策の下，学校安全に関する具体的な取組の推進と学校安全に関する社会全体の意識の向上が図られていくことになる。学校現場としては，この５つの推進方策に留意し，積極的なリスク・マネジメントに努めていく必要があるだろう。

参考文献

山口卓男編著『新しい学校法務の実践と理論―教育現場と弁護士の効果的な連携のために』（日本加除出版，2014）

坂田仰編著『改訂版　学校と法―「権利」と「公共性」の衝突』（放送大学教育振興会，2016）

演習問題

以下の文章について，妥当なものには○，妥当でないものには×を付し，×を付けたものについては簡単にその理由を記載せよ（条文や裁判例を挙げるのでもよい）。

1．日本社会において子どもの権利論が台頭したのは21世紀に入ってからのことである。

理由：＿＿＿＿＿＿＿＿＿＿＿＿＿＿＿＿＿＿＿＿＿＿＿＿＿＿＿＿

＿＿＿＿＿＿＿＿＿＿＿＿＿＿＿＿＿＿＿＿＿＿＿＿＿＿＿＿

2．３つのＭとは，ヒト（人），モノ（物），ジョウホウ（情報）を指す概念である。

理由：＿＿＿＿＿＿＿＿＿＿＿＿＿＿＿＿＿＿＿＿＿＿＿＿＿＿

＿＿＿＿＿＿＿＿＿＿＿＿＿＿＿＿＿＿＿＿＿＿＿＿＿＿

3．学校，家庭，地域社会が連携すべきという考え方は，学校経営，教育実践の基本理念であり，現在の学校運営等においても大きな力を保持している。

理由：＿＿＿＿＿＿＿＿＿＿＿＿＿＿＿＿＿＿＿＿＿＿＿＿＿＿

＿＿＿＿＿＿＿＿＿＿＿＿＿＿＿＿＿＿＿＿＿＿＿＿＿＿

4．GRCとは，ガバナンス（Governance），リスク・マネジメント（Risk Management），コンプライアンス（Compliance）の頭文字をとったものである。

理由：＿＿＿＿＿＿＿＿＿＿＿＿＿＿＿＿＿＿＿＿＿＿＿＿＿＿

＿＿＿＿＿＿＿＿＿＿＿＿＿＿＿＿＿＿＿＿＿＿＿＿＿＿

5．第３次学校安全計画は，学校保健安全法の規定に基づき，令和５年度から令和９年度までの５年間を見据え，文部科学省令として，2022（令和４）年に策定された。

理由：＿＿＿＿＿＿＿＿＿＿＿＿＿＿＿＿＿＿＿＿＿＿＿＿＿＿

＿＿＿＿＿＿＿＿＿＿＿＿＿＿＿＿＿＿＿＿＿＿＿＿＿＿

演習問題解答

第１章

1．○

福岡高等裁判所判決平成18年11月９日

2．×

子どもの歓声や，クーラーやボイラー等の設備から生じる様々な音，運動会や音楽会といった教育活動が，近隣住民から「騒音」と批判されるようになっている。

3．○

例えば，保護者の多くは「子どものために＝我が子のために」という意味で使用する傾向にある。

4．×

例えば，埼玉担任教員訴訟（さいたま地方裁判所熊谷支部判決平成25年２月28日）がある。

5．○

例えば，いじめ防止対策推進法コンプライアンス違反追及訴訟（東京地方裁判所判決令和４年５月16日）が存在する。

第２章

1．○

義務教育の段階における普通教育に相当する教育の機会の確保等に関する法律，いわゆる教育機会確保法である。

2．×

国民統合の手段として学校教育を捉えようとするとき，「隠されたカリキュラム（hidden curriculum）」という概念が重要な役割を果たす。

3．×

構造改革特別区域法に基づき，いわゆる教育特区において，株式会社立学校，NPO 法人立学校が認められている。

4．○

アミッシュの信仰と生活を考慮した判断である。Wisconsin v. Yoder, 406 U.S. 205（1972）

5．○

教育勅語が中核であった。

第 3 章

1．×

旭川学力テスト訴訟判決（最高裁判所大法廷判決昭和51年５月21日）は，「普通教育における教師に完全な教授の自由を認めることは，とうてい許されない」としている。

2．×

第一次家永教科書検定訴訟最高裁判所判決（最高裁判所第三小法廷判決平成５年３月16日）は，旭川学力テスト訴訟判決を援用し，国の教育内容に対する関与権を承認した上で，子どもが自由かつ独立の人格として成長することを妨げるような内容を含むものでもないとしている。

3．○

福岡伝習館訴訟判決（最高裁判所第一小法廷判決平成２年１月18日）。

4．×

教科書検定基準の中には，「閣議決定その他の方法により示された政府の統一的な見解又は最高裁判所の判例が存在する場合には，それらに基づいた記述がされていること」という一文が存在する。したがって，閣議決定という形で，政治の影響を受ける可能性が少なくとも理論上は存在している。

5．○

副読本や資料集，問題集，プリント等，教科用図書以外の図書その他の教材で，有益適切なものを補助教材として使用することができる（学校教育法34条4項等）。

第4章

1．○

教育基本法4条1項

2．×

最高裁判所は，歴史的経緯等に基づき，授業料無償説に与している（最高裁判所大法廷判決昭和39年2月26）。また，教科書費用については，「義務教育諸学校の教科用図書の無償措置に関する法律」によって，国公私立を問わず全て無償給付となっている。

3．×

児童・生徒の状況等に応じた「支援」を行う義務である。通知は，「当該児童生徒が有する違和感の強弱等に応じ様々であり，また，当該違和感は成長に従い減ずることも含め変動があり得るものとされていることから，学校として先入観をもたず，その時々の児童生徒の状況等に応じた支援を行うことが必要である」としている。

4．×

生活保護を受けている者を要保護者，これに準ずると市町村教育委員会が判断した者を準要保護者と言う。

5．×

原告側はマイノリティーの教育権の存在を主張したが，判決は「国の責務について，いずれも理念を掲げるにすぎず，これらの規定が，原告子どもらが主張するようなマイノリティーの教育権という具体的な権利を直接保障していると認めることも困難である」等とし，この主張を退けている。

第５章

１．×

津市地鎮祭訴訟（最高裁判所大法廷判決昭和52年７月13日）において示された目的効果基準に照らし，許される。

２．◯

教育基本法15条１項

３．×

津市地鎮祭訴訟（最高裁判所大法廷判決昭和52年７月13日）において示された目的効果基準に照らし，許されると考えられる。

４．×

剣道拒否訴訟（最高裁判所第二小法廷判決平成８年３月８日）で示された考え方に照らし，裁量権の逸脱・濫用に該当する可能性が高い。

５．×

遠足や修学旅行における神社仏閣の見学については，日本の文化や歴史を学ぶ機会として許容される。しかし，参加者全員で参拝するとなると，「国及びその機関は，宗教教育その他いかなる宗教的活動もしてはならない」とする，日本国憲法20条３項に抵触する可能性が高い。

第６章

１．×

「盲者」及び「聾者」の分野は1948（昭和23）年度に学齢に達した者から学年進行で就学義務化が進められた。ただし，養護学校の義務化が実現したのは，1979（昭和54）年４月のことである。

２．○

旧教育基本法には障害者（児）教育に関する規定は置かれていなかった。

３．×

合理的配慮について障害者差別解消法７条２項は，「行政機関等は，その事務又は事業を行うに当たり，障害者から現に社会的障壁の除去を必要としている旨の意思の表明があった場合において，その実施に伴う負担が過重でないときは，障害者の権利利益を侵害することとならないよう，当該障害者の性別，年齢及び障害の状態に応じて，社会的障壁の除去の実施について必要かつ合理的な配慮をしなければならない」と規定している。「実施に伴う負担が過重でないとき」という条件が付されている。

４．×

2021（令和３）年の改正により，「事業者は，その事業を行うに当たり，障害者から現に社会的障壁の除去を必要としている旨の意思の表明があった場合において，その実施に伴う負担が過重でないときは，障害者の権利利益を侵害することとならないよう，当該障害者の性別，年齢及び障害の状態に応じて，社会的障壁の除去の実施について必要かつ合理的な配慮をしなければならない」（８条２項）と改められた（2024（令和６）年４月１日施行）。

５．○

文部科学省「特別支援学級及び通級による指導の適切な運用について（通知）」（令和４年４月27日付け４文科初第375号）

第7章

1．○

2．×

危険等発生時対処要領は，当該学校の児童・生徒ではなく「職員」がとるべき措置の具体的内容及び手順を定めた対処要領である（学校保健安全法29条1項）。

3．×

「学校においては，必要があるときは，臨時に，児童生徒等の健康診断を行うものとする」（学校保健安全法13条2項）とされており，毎学年に一度とは限らない。

4．×

学校の臨時休業を行う権限を有するのは，校長ではなく，「学校の設置者」とされている（学校保健安全法20条）。

5．○

第8章

1．×

教員に安全配慮義務が課される「学校の管理下」の範囲については，法令により明文で示されているわけではない。

2．×

公立学校教員については，国家賠償法に基づき，教員個人ではなく，学校設置者や給与負担者にあたる地方公共団体が教員に代わって責任を果たすとする考え方が確立している（例えば最高裁判所第三小法廷判決昭和30年4月19日）。

3．○

刑事上の責任については，公立学校教員，私立学校教員ともに，教員個人にかかることになる。

4．○

国家賠償法2条1項で言う「公の営造物」には，公立学校の施設や学校で使用する器具が含まれると考えられている。

5．×

独立行政法人日本スポーツ振興センター『学校の管理下の災害［令和4年版］』によれば，中学校，高等学校等においては，課外指導中における事故による負傷・疾病を理由に同センターから医療費の給付が行われた件数のほとんどは，「体育的部活動」中に発生した事故によるものとされている。

第9章

1．×

体罰禁止規定は，旧憲法下の1879（明治12）年の教育令において規定されたことが始まりとされている。

2．×

体罰の定義は，現時点（令和5年1月末日）で，法令で定められていない。

3．○

文部科学省「体罰の禁止及び児童生徒理解に基づく指導の徹底について（通知）」（平成25年3月13日付け24文科初第1269号）。

4．×

正当防衛とは，「急迫不正の侵害に対して，自己又は他人の権利を防衛するため，やむを得ずにした行為」である（刑法36条）。教員の行為が正当防衛に当たる場合，仮に当該児童・生徒が苦痛を感じたとしても，違法とはならない。この場合，当該児童・生徒には，保護すべき法的利益が認められないからである。

5．〇

2012（平成24）年に比べ，2019（令和元）年及び2020（令和２）年においては体罰の発生件数が約10分の１となり，また体罰の行われた場所も，教室の割合が上昇し，運動場などでの割合が低下している。

第10章

1．×

国のいじめ防止基本方針では，不登校重大事態について，欠席日数の目安を30日としている。ただし，児童・生徒が一定期間，連続して欠席しているような場合には，この目安にかかわらず，学校の設置者又は学校の判断により，迅速に調査に着手することが必要であるとしている。

2．〇

いじめ防止対策推進法は，学校におけるいじめの防止等に関する措置を実効的に行うため，複数の教職員に心理，福祉等に関する専門的な知識を有する者その他の関係者を加えて構成されるいじめの防止等の対策のための組織を置くものとすると規定している（22条）。ただし，国のいじめ防止基本方針によれば，この組織を実際に機能させるにあたり，適切に外部専門家の助言を得つつも機動的に運用できるよう，構成員全体で行う会議と関係教職員で日常的に行う会議の役割分担を行っておくなど，学校の実情に応じた組織活用の在り方になるよう工夫してよいことになっている。

3．×

いじめ防止対策推進法は，それぞれ「継続的に」行うことを求めており，一回行えばよいわけではない（23条３項）。

4．×

いじめ防止対策推進法には，いじめの定義に加えていじめ重大事態についての定義も存在している（28条１項）。同法上，いじめの重大事態は，①いじめにより当該学校に在籍する児童・生徒の生命，心身又は財産に重大な被害が生じた疑いがあるとき，②いじめにより当該学校に在籍する児童・生徒が相当の期間学校を欠席することを余儀なくされている疑いがあるとき，とされている。

５．○

いじめ防止対策推進法上，学校の設置者及びその設置する学校は，学校におけるいじめを早期に発見するため，学校に在籍する児童・生徒に対する定期的な調査その他の必要な措置を講ずることとされている（16条１項）。

第11章

１．×

本調査における「暴力行為」は「自校の児童生徒が故意に有形力（目に見える物理的な力）を加える行為」と定義され，警察への被害届の有無にかかわらないとされている。

２．×

学校教育法施行規則26条２項は，懲戒のうち，退学，停学及び訓告の処分は，校長（大学にあっては，学長の委任を受けた学部長を含む。）が行うとしている。

３．○

学校教育法施行規則26条３項は，懲戒としての退学について市町村立の小中学校等において行うことを禁止し，同条４項は，国公私立を問わず懲戒としての停学について学齢児童又は学齢生徒に行うことを禁止している。

4．×

出席停止は，学校の秩序を維持し，他の児童・生徒の義務教育を受ける権利を保障するという観点から設けられた制度であり，制裁としての性質を持たず懲戒としての停学とは異なる。

5．×

校則を定める権限は，法令上，校務をつかさどる等とされている校長に属しているのであり，校長は，自治会の同意がなくとも有効に校則を定めることができる。

第12章

1．○

厚生労働省の「福祉行政報告例」によれば，例年，児童虐待に関する相談種別の相談件数は，心理的虐待が最も多くなっている。

2．×

児童虐待の防止等に関する法律２条は，「児童」を「18歳に満たない者」と定義している。

3．×

体罰により子どもが負傷した場合には原則として傷害罪に当たり，児童虐待の防止等に関する法律14条２項も児童虐待に係る暴行罪，傷害罪等について親権者であることを理由として，その責めを免れることはないとしている。

4．×

従前，児童の一時保護は児童相談所長の判断のみで行われていたが，2022（令和４）年の児童福祉法改正により，これが施行された後は，親権者の同意がある場合を除き，裁判官の審査を要することとなった。

5．×

学校や教職員が児童相談所の動きを保護者に伝えてしまうと，保護者から児童への働きかけや転居などを招き，児童の生命身体への危険を招く可能性があるため，避けるべきである。

第13章

1．○

表現の自由は，自己の人格という内面的価値を外部に対して実現し，自己の人格的発展を遂げるためには言論活動の自由が侵害されてはならないという「自己実現」の価値と，言論の自由市場において個人が言論活動を行うことにより，民主政の過程が正しく機能するという「自己統治」の価値によって支えられている，といわれる。

2．○

本来，公立学校は地方公共団体の機関であるから，学校に対する個人情報の開示請求及び情報公開請求は，条例に基づく手続によるのが原則である。ただし，実際は，各学校による独自の判断によることが多い。その場合，例えばいじめ事案のように，当該児童又は生徒の個人情報と他の児童又は生徒の個人情報が一体となっていることがあるので，開示には注意を要する。

3．×

学校給食費の滞納状況は，特定の個人を識別することができる個人情報であり，他人に知られたくないプライバシーに関する情報である。そのため，学校がPTAにその情報を開示することは，滞納者との関係ではプライバシー権（日本国憲法13条）を侵害する行為であり，違法である。

4．○

生徒のスマートフォンに記録された画像データは，当該生徒の無体財産権の対象であるので，これを生徒の了解なく消去する行為は財産権（日本国憲法29条１項）侵害に当たりうる。そのため，その消去については生徒に自ら行わせるのが妥当である。なお，現在は児童ポルノを所持することが違法とされたので，そのことを告げることも一つの方法である（児童買春，児童ポルノに係る行為等の規制及び処罰並びに児童の保護等に関する法律７条１項）。

５．×

当該生徒には肖像権（日本国憲法13条。前掲京都府学連事件参照。）があるものの，学校が撮影する画像の利用については，包括的に同意がなされていることが多い。そのため，当該生徒には，直接削除を求める権利がなく，学校にはこれに応じる義務はない。もっとも，当該生徒の意向は尊重すべきであることから，学校としては，義務とはいえないものの，可能な限り任意に応じるべきであるといえる。

第14章

１．○

地方公務員法27条３項。

２．×

懲戒処分の種類は，重い順に，免職，停職，減給，戒告の４種類である（地方公務員法29条１項）。

３．×

県費負担教職員の懲戒処分は，任命権を有する都道府県教育委員会が行う。

４．○

最高裁判所第二小法廷判決昭和32年５月10日，最高裁判所第三小法廷判決昭和52年12月20日，最高裁判所第一小法廷判決平成２年１月18日等。

５．×

公立学校の教員の飲酒運転に関して，教育委員会が一般の地方公務員と比較して厳格な懲戒処分の指針を設けていたことが，公平原則等に違反するとして争われた事案において，福岡高等裁判所は，「教職員だけを一般の地方公務員から区別し，より重い処分基準で臨むというのは，公平取扱いの観点からすると問題がないわけではないが，少なくとも教員については，児童生徒と直接触れ合い，これを教育・指導する立場にあるから，とりわけ高いモラルと法及び社会規範遵守の姿勢が強く求められるものというべきである」として，「本件指針が合理性を著しく欠いており，無効であるとまではいえない」との判断を示している（福岡高等裁判所判決平成18年11月９日）。

第15章

１．×

国際連合で児童の権利条約が成立し，日本が条約を批准した，昭和の終わりから平成の初めにかけて，言い換えるなら1990年前後には子どもの権利論が台頭していた。

２．×

３つのMとは，ヒト（Man），モノ（Material），カネ（Money）を指す概念である。

３．○

例えば，教育基本法13条は，「学校，家庭及び地域住民その他の関係者は，教育におけるそれぞれの役割と責任を自覚するとともに，相互の連携及び協力に努めるものとする」と規定している。

４．○

GRC とは，ガバナンス（Governance），リスク・マネジメント（Risk

Management)，コンプライアンス（Compliance）の頭文字をとったものであり，意思決定の統合的な手法とされている。

５．×

第３次学校安全計画は，学校保健安全法の規定に基づき，令和４年度から令和８年度までの５年間を見据え，2022（令和４）年に閣議決定された。

索引

●配列は五十音順。

●さ　行

分担執筆者紹介

（執筆の章順）

山田　知代（やまだ・ともよ）

・執筆章→7・14

1985年　東京都に生まれる

2008年　日本女子大学家政学部卒業

2010年　日本女子大学大学院家政学研究科　修了

2013年　筑波大学大学院人間総合科学研究科博士後期課程単位取得退学

現在　多摩大学グローバルスタディーズ学部准教授

専攻　教育法規，教育制度，教育行政

主な著書　『学校を取り巻く法規・制度の最新動向』（共著）教育開発研究所，2016年

『生徒指導・進路指導論』（共編著）教育開発研究所，2019年

『学校現場の課題から学ぶ教育学入門』（共著）学事出版，2019年

『新訂版　保育者・小学校教員のための教育制度論』（共編著）教育開発研究所，2021年

『新訂第4版　図解・表解 教育法規』（共著）教育開発研究所，2021年

黒川　雅子（くろかわ・まさこ）

・執筆章→8・10

1973年　栃木県に生まれる
1997年　日本女子大学家政学部卒業
1998年　法政大学女子高等学校教諭（2001年）
2001年　日本女子大学家政学部家政経済学科助手（2005年）
2007年　筑波大学図書館情報メディア研究科博士後期課程単位取得退学
現在　学習院大学文学部教育学科教授
専攻　教育法規・教育実践論
主な著書　『補訂版　事例で学ぶ学校の法律問題』（共著）教育開発研究所，2014年
『補訂版　いじめ防止対策推進法全条文と解説』（共編著）学事出版，2018年
『学校現場の課題から学ぶ教育学入門』（共著）学事出版，2019年
『生徒指導・進路指導論』（共編著）教育開発研究所，2019年
『新訂第４版　図解・表解教育法規』（共著）教育開発研究所，2021年
『学校のいじめ対策と弁護士の実務』（共編著）青林書院，2022年

川　義郎（かわ・よしお）

・執筆章→9・13

1969年　東京都に生まれる
1993年　中央大学法学部卒業
2003年　弁護士登録
2013年　弁護士法人リレーションを設立し，現在に至る。
専門分野　学校・教育分野を含む自治体法務，不動産・IT など企業関係，相続
公的活動　裁判所・自治体の委員（いじめ対策調査委員会，行政不服審査会，個人情報審査会・情報公開審査会，入札監視委員会，空き家協議会・審議会など）
主な著書・論文　『Q&A 建設業トラブル解決の手引』（分担執筆）新日本法規，2003年
『民法改正を知っていますか？』（分担執筆）民事法研究会，2009年
「学校給食費の現状と今後の課題」東京弁護士会『法律実務研究』第25号，2009年
「教育現場でのコンプライアンス」『法律のひろば』2010年5月号，ぎょうせい
『債権法改正を考える―弁護士からの提言』（分担執筆）第一法規，2011年
「学校給食費の管理」『法律のひろば』2011年4月号，ぎょうせい
「学校給食費を学校の私会計とすることの適法性と問題点」『判例地方自治』第384号，ぎょうせい，2014年
『新しい学校法務の実践と理論』（分担執筆）日本加除出版，2014年
『信託法実務判例研究』（分担執筆）有斐閣，2014年
『よくわかる空き家対策と特措法の手引き』（責任編集）日本加除出版，2015年
『自治体が原告となる訴訟の手引き』（共著・監修）日本加除出版，2017年
『補訂版　いじめ防止対策推進法　全条文と解説』（分担執筆）学事出版，2018年
『学校のいじめ対策と弁護士の実務』（編集・分担執筆）青林書院，2022年

小美野　達之（おみの・たつゆき）

・執筆章→11・12

1986年　大阪府に生まれる
2008年　早稲田大学教育学部卒業
2011年　京都大学大学院法学研究科法曹養成専攻　修了　法務博士（専門職）
2012年　弁護士登録
2017年　放送大学大学院文化科学研究科　修了　学術修士
2019年　堺みくに法律事務所に移籍し，現在に至る
2022年　早稲田大学教育学部非常勤講師
2023年　兵庫教育大学大学院学校教育研究科非常勤講師
専攻　教育行政，学校法務，教育法規
主な著書　『新版　よくわかる教育学原論』（分担執筆）ミネルヴァ書房，2020年
『学校と教師のための労働相談Q＆A41―スクールロイヤーと学ぶ学校の働き方―』（分担執筆）日本加除出版，2022年
『学校のいじめ対策と弁護士の実務』（分担執筆）青林書院，2022年

編著者紹介

坂田　仰（さかた・たかし）

・執筆章→1・2・3・4・5・6・15

1960年　和歌山県に生まれる
1983年　立命館大学法学部卒業
1983年　大阪府公立学校教員（1991年）
1996年　東京大学大学院法学政治学研究科博士課程単位取得退学
現在　日本女子大学教職教育開発センター教授
専攻　公法学（憲法），教育制度学
主な著書　『学校・法・社会』（単著）学事出版，2002年
『教育行政学』（分担執筆）学文社，2005年
『学校教育紛争』（単著）春風社，2007年
『新教育基本法〈全文と解説〉』（単著）教育開発研究所，2007年
『現代教育法制の構造と課題』（分担執筆）コレール社，2010年
『現代教育制度改革への提言　下巻』（分担執筆）東信堂，2013年
『新しい学校法務の実践と理論』（分担執筆）日本加除出版株式会社，2014年
『裁判例で学ぶ　学校のリスクマネジメントハンドブック』（単著）時事通信社，2018年
『学校のいじめ対策と弁護士の実務』（編著）青林書院，2022年

放送大学教材　1529749-1-2411（ラジオ）

四訂版　学校と法

発　行　2024年３月20日　第１刷
編著者　坂田　仰
発行所　一般財団法人　放送大学教育振興会
〒105-0001　東京都港区虎ノ門1-14-1　郵政福祉琴平ビル
電話　03（3502）2750

市販用は放送大学教材と同じ内容です。定価はカバーに表示してあります。
落丁本・乱丁本はお取り替えいたします。

Printed in Japan　ISBN978-4-595-32444-4　C1337